교양으로 알아야 할 한자 성어 120

초판 인쇄 2014년 10월 24일
초판 발행 2014년 10월 30일

지은이 정유철
펴낸곳 모바일북
펴낸이 박정화

출판등록 2013년 10월 18일 (제2013-000156호)
주소 121-856 서울시 마포구 신수동 448-6 A동 2층
전화 070)4685-5799   **팩스** 0303)0949-5799
이메일 gliderbooks@hanmail.net

주문처 글라이더
값 15,800원
ISBN 979-11-953578-1-9   03700

잘못된 책은 바꾸어 드립니다.
〈모바일북〉은 〈글라이더〉의 실용 브랜드입니다.

이 도서의 국립중앙도서관 출판예정도서목록(CIP)은 서지정보유통지원시스템 홈페이지
(http://seoji.nl.go.kr)와 국가자료공동목록시스템(http://www.nl.go.kr/kolisnet)에서 이용하실
수 있습니다. (CIP제어번호 : CIP2014030145)

교양으로 알아야 할

한자 성어
漢字 成語
120

정유철 지음

모바일북

"새발에 피!"

어릴 적 친구들과 놀다 서로 크기를 비교하는 일이 자주 있었다. 그때는 왠지 큰 게 좋았다. 크는 때라 그랬을 것이다. 크기를 대보다 내 게 조금이라도 크다 싶으면 친구에게 이렇게 말했다.

"그건, 새발에 피야. 어디 이기려고!"

새발에 피가 '조족지혈(鳥足之血)'인 걸 한참 지나서 알았다. 중학교 한문시간에….

한자, 한문 공부를 하면서 늘 쓰는 한자 성어에 관심이 쏠렸다. 중학교 한문 선생님이 고사성어에 깃들인 이야기를 쉽게 잘 풀어서 설명해준 덕분으로. 선생님은 고사를 연극을 하듯 설명하셨다. 혼자서 하는 사극. 어느새 한문 시간이 기다려졌고 한자, 한문이 재미있고 조금도 어렵지 않았다. 그 끈을 놓지 않았다.

고등학교 때 한문 수업에 이어 대학에 들어가서는 한문학원에 다니면서 …『논어』, 『맹자』, 『대학』, 『중용』을 공부했다. 직장에 다니면서 한문에 이어 일본어, 중국어 공부로 확대해갔다. 일본어 중국어가 어렵지 않았다. 소리 내어 읽지는 못해도 문장의 뜻을 이해하는 데 어려움이 없었다. 한자, 한문을 아니까.

근무하던 신문사에서 매일 한자성어를 연재하였다. 그런 기간이 5년이 넘었다. 한자 성어를 연재하며 성어의 출처를 찾아 원전을 읽었다. 어떤 성어를 소개해야 할지 고르는 것은 고민이었고 출처를 확인하고 원문을 읽어내는 것은 고역이었다. 한편을 쓰는데 2~3시간을 쏟았다. 그렇게 하여 한 편을 써내고 나면 온몸에 피로가 몰려왔지만, 가슴에는 희열이 가득 찼다. 새로운 것을 알아낸 기쁨!

이렇게 연재한 성어를 엄선하여 이제 책으로 묶는다. 원전을 찾아 출처를 확인하고 그 내용을 토대로 이해하기 쉽게 쓰려고 노력했다.

이 책의 첫 번째 특색(차별화와 경쟁력)은 원전을 일일이 확인한 점이다.

한자 성어를 연재하니 고정 독자가 많아졌다. 한문학원에서는 매일 오려서 모아둔다고 했다. 잘 읽고 있다는 전화를 받으면 기쁨이 새로운 각오로 이어졌다. 더욱 잘 써야겠다. 늘 의식해야 하는 독자도 생겼다. 처남 딸, 중학생이 고모부가 쓴 한자성어를 매일 읽고 스크랩하였다. 만날 때마다 그 이야기를 들었다. 자연 눈높이를 그 아이- 중학생 수준에 맞추었다. 이해하기 쉽게, 다른 참고하지 않아도 알도록.

두 번째 특색은 이해하기 쉽게 썼다는 점이다.

한자 성어를 풀이하면 고심한 것은 원전의 뜻을 살리면서 읽은 내용을 잊어버리지 않게 할 것인가였다. 읽어도 기억하지 못하면 활용하지 못한다. 그래서 스토리텔링 방식을 적용하였다. 그렇게 함으로써 독자가 재미있게 읽고 기억하기 쉽게 했다. 고사가 있는 것은 고사를 토대로 스토리텔링을 하고, 그렇지 않은 성어도 줄거리를 만들어 풀어썼다.

세 번째 특색은 스토리텔링방식으로 적용했다는 점이다.

국내에 있을 때는 한자, 한문이 전문가들만 하는 분야로 생각했다. 일본과 중국을 가서 보고 한자, 한문을 하지 않으면 안 되겠구나 싶었다. 중국과 교류가 확대되면서 중국어의 중요성이 날로 증대되고 있다. 인터넷 상에 떠도는 우스갯소리. "영어를 포기하는 것은 취직을 포기하는 것이요, 중국어를 포기하는 것은 인생을 포기하는 것이다."

중국어도 한자, 한문을 알면 쉽게 배울 수 있다. 이 책이 한자, 한문뿐만 아니라 중국어, 일본어 공부에도 도움이 되기를 바란다.

오랫동안 원고를 기다려준 글라이더(모바일북)출판사 박정화 대표가 아니었더라면, 이 책의 발간도 늦어졌을 것이다. 이 기회에 깊이 감사드린다.

내용 중 잘못된 부분이 있다면 모두 저자의 책임이다. 강호 제현의 질정을 바란다.

2014년 10월

정유철

01

"옛 것을 익히어 새로운 것을 안다"

—

溫故知新

(온고지신)

초등학교 4학년 때, 그러니까 1969년일 게다. 그때 국어 교과서에 한자(漢字)가 들어있어 처음으로 한자를 배우기 시작했다. 그런데 얼마 안가 정부의 한글전용정책으로 한자를 배우지 않게 되었다. 우리 모두는 국어 책의 한자를 보이지 않을 때까지 모두 검게 칠해야 했고, 선생님께서 책을 검사하여 검게 칠하지 않은 친구들은 야단을 맞기도 했다.

한자가 어렵게 느껴졌던 우리는 그 조치가 반가웠다. 쓰기도 복잡한 한자를 더 이상 쓰지 않고 배울 필요도 없다니 좋았다. "그래도 우리는 한자와 한문을 배울 필요가 있다"고 하시는 할아버지의 말씀은 전혀 들어오지 않았다.

그 후 다시 학교에서 한자를 접하게 된 것은 중학교 1학년 때. 국어와는 별도로 '한문(漢文)'과목이 생겼다. 옥편 찾는 법부터 시작하여 처음 배우는 한문은 흥미가 있었다. 글자를 배우는 데 그치지 않고 문장을 익혔거니와 담당 선생님이 워낙 재미있게 수업을 진행하셨던 덕분이었다. 그렇게 하여 고등학교 때까지 즐겁게 한문을 배웠다.

대학교 때에 한문 공부하는 재미는 더욱 크게 느꼈다. 교양과목으로 한문을 한 과목 수강했는데 한문학을 접하면서 그 맛에 깊이 빠지게 되었고 한문을 더 배우고 싶었다. 그래서 1978년 광주에 유일한 한문학원인 호남한문학원에 등록하여 『논어』, 『맹자』, 『대학』, 『중용』을 배웠다. 한문의 필요성을 강조하신 오지호 화백이 뜻있는 사람들을 모아 한 성당에서 시작한 한문학원이었다. 이렇게 한문을 계속한 사람은 서너 명이었는데 지금은 학원도 많이 늘었고 자격시험까지 있어 격세지감을 느낀다.

나는 경영학을 한 까닭으로 한문을 곁가지로 하여 전공자는 아니지만 항상 한문을 가까이하고 늘 활용한다. 우리 조상들이 남긴 문화유산을 접할 때마다 남다른 희열을 느끼는 것은 번역문뿐만 아니라 원문인 한문을 다소 이해하기 때문일 게다. 그 기쁨은 한문을 아는 사람만 알 것이다.

국내에서 접하는 한문은 대개는 고전이기 때문에 실생활과 거리가 있다. 그런데 중국에 가면 상상 속에서 생각하는 한문을 바로 실생활에서 접한다. 한문은 죽어있는 글자가 아닌 것이다. 일본에 갈 때도 그런 일이 자주 있다. 그럴 때마다 국내에서는 한문이 필요 없을지 모르지만 한문을 모르면 중국과 일본에서 우리 국민은 까막눈이 되고 마는 것 아닌가 우려된다. 이들 기업과 거래하는 우리 기업이 직면하는 문제다. 그래서 입사시험 때 한문을 보기도 한다.

'溫故知新(온고지신)'이라는 말이 있다. 『논어(論語)』의 '위정편(爲政

篇)'에 나오는 공자의 말이다. 흔히 "옛 것을 미루어 새로운 것을 안다"
는 뜻으로 풀이한다. 溫은 삶아 익힌다, 과거의 일을 연구한다는 뜻이
고 故는 고전, 또는 전통적인 고유 문화를 말한다.

원문은 "子曰, 溫故而知新 可以爲師矣(자왈, 온고이지신 가이위사의)"
이다. "옛 것을 더듬고 새 것도 알아야 하니 스승이란 한 번 되어 봄직
도 하지." 이을호 박사의 풀이다.

한(漢)나라 반고(班固)가 지은 '동도부(東都賦)'에 "옛 것을 잘 이해
하고서 새로운 것을 아는 것이 이미 어렵기에 지금의 성대한 덕을 아는
자는 드물 것입니다"(溫故知新已難 而知德者鮮矣)라고 하였다.

조선 정조 대왕이 이 대목을 공부하며 "온고지신(溫故知新)이란 무
슨 말인가?"라고 이유경에게 물었다.

"옛 글을 익혀 새 글을 아는 것을 말합니다."

정조대왕이 고개를 저었다.

"그렇지 않다. 초학자(初學者)는 이렇게 보는 수가 많은데, 대개 옛
글을 익히면 그 가운데서 새로운 의미를 알게 되어 자기가 몰랐던 것을
더욱 잘 알게 된다는 것을 말한다."

(『정조실록』 정조1년(1777) 2월 1일 기사)

온고지신과 비슷한 뜻으로 '억고사첨(憶苦思甛)'이라는 말이 있다.
쓴 것을 기억하고 단 것을 생각하는 뜻이니 고생했던 지난날을 회상하
고 지금의 행복을 소중하게 여긴다는 의미다. 행복할수록 고생스런 옛
날을 잊지 않는다. 옛 것을 더듬어 묵향을 찾아가보자.

溫:따뜻할 온, 故:옛 고, 知:알 지, 新:새로울 신

02

"옛것을 본받아 새롭게 창조한다"

—

法古創新

(법고창신)

온고지신(溫故知新)과 비슷한 말로 우리나라에서 나온 성어가 법고창신(法古創新)이다.

연암 박지원(朴趾源, 1737~1805)이 활동하던 무렵 글을 짓는 방법으로 두 가지를 두고 서로 다투었던 모양이다. 하나는 법고(法古:옛것을 본받음)요, 또 하나는 창신(創新:새롭게 창조함)이다.

연암은 이의 득실을 논했다. 법고를 해야 한다는 주장을 따르니 마침내 세상에는 옛것을 흉내 내고 본뜨면서도 그것을 부끄러워하지 않는 자가 생기게 되었고, 창신을 따르게 되자 세상에는 괴벽하고 허황되게 문장을 지으면서도 두려워할 줄 모르는 자가 생기게 되었다. 소위 '법고'한다는 사람은 옛 자취에만 얽매이는 것이 병통이고 '창신'한다는 사람은 상도(常道)에서 벗어나는 게 걱정거리가 되었다.

연암은 이 같은 병통을 지적하면서 "진실로 법고하면서도 변통할 줄 알고 창신하면서도 능히 전아하다면 요즈음의 글이 바로 옛글이다."(苟能法古而知變 刱新而能典 今之文 猶古之文也)라고 하였다.

연암은 옛사람 중에 글을 잘 짓는 이로 회음후(淮陰侯) 한신(韓信)을 들었다. 한신은 한고조 유방(劉邦)을 도와 한나라를 세우는 데 지대한 공을 세운 장수다. 한신이 배수진을 치려고 하니 장수들이 따르지 않았다. 물을 등지고 진(陣)을 치는 배수진(背水陣)은 병법에 보이지 않으니 여러 장수들이 불복할 것은 당연한 일이다. 그런데 회음후는 이렇게 말했다.

"이것은 병법에 나와 있는데 단지 그대들이 제대로 살피지 못한 것일 뿐이다. 병법에 그러지 않았던가? '죽을 땅에 놓인 뒤라야 살아난다(兵法不曰置之死地而後生乎)'라고."

또 손빈이 제(齊) 나라의 군사를 거느리고 위(魏) 나라의 장수 방연(龐涓)과 싸울 때 아궁이 10만 개를 만들었다가 이튿날엔 5만 개로 줄이고 또 그 이튿날엔 3만 개로 줄여 마침내 크게 이긴 계략을 이어받아 반대로 아궁이 수를 늘여서 전쟁에서 승리를 거둔 후한(後漢)의 우승경(虞升卿)을 변통할 줄 안다고 하였다. 연암은 이 두 사람을 옛것을 배워서 잘 변화시키지 않은 것이 없음을 나타내 보였다고 하였다.

그러나 창신은 잘 해야 한다. 어설프게 하여 한갓 풍속만 병들게 하고 교화를 해치는 결과를 낳고 마는 것을 연암은 경계했다. 그래서 연암은 '창신'을 한답시고 재주 부릴진댄 차라리 '법고'를 하다가 고루해지는 편이 낫다고 생각한다고 했다.

이는 『연암집(燕巖集)』 가운데 연상각선본(煙湘閣選本) 초정집서(楚亭集序)에 나온다. 이 글은 연암이 초정 박제가(朴齊家, 1750~?)의 문집

서문으로 써준 것이다. 법고창신(法古創新)이 여기서 나왔다. 옛것을 본받아 새롭게 창조한다는 뜻이다. 刱과 創은 같은 글자다.

法 : 본받을 법, 古 : 옛 고, 創 : 비롯할 창, 新 : 새로울 신

03
"전적은 찾아 열거하는데 자신의 조상은 잊어버린다"

—

數典忘祖
(수전망조)

온고지신과 반대되는 성어를 여기서 살펴본다. 수전망조(數典忘祖)라는 고사성어다.

기원전 527년, 진(晉)나라 대부 순문백(荀文伯)이 성주(成周)로 가서 목후(穆后)의 장례식에 참석했다. 대부 적담(籍談)이 부사로 따라 갔다. 주경왕은 상례를 끝내고 상복을 벗게 되자 순문백을 위해 잔치를 베풀었다. 이때 노나라가 바친 호리병을 술잔으로 쓰며 주경왕이 순문백에게 물었다.

"백씨(伯氏)여! 제후들이 모두 왕실에 예기(禮器)를 바쳤는데 유독 진나라만 그러지 않은 이유가 무엇이오?"

순문백이 적담에게 읍하면서 화답하게 했다.

"제후가 봉상(封賞)을 받을 때 모두 왕실로부터 덕을 밝히는 기물을 받아 그것으로 사직을 다스리고 있습니다. 그래서 능히 술그릇으로 사용하는 청동제 예기를 천자에게 바칠 수 있는 것입니다. 진나라는 깊은 산중에 자리 잡아 융적과 이웃해 있고 게다가 왕실과 멀리 떨어져 있습니다. 천자의 위복(威福)이 미치지 못해 융인들을 복종시키기에 겨를이 없는데 어찌 능히 예기를 바칠 수 있겠습니까?"

주경왕이 이렇게 말했다.

"숙씨(叔氏)여, 그대는 지난 일을 모두 잊었단 말이오. 숙부인 당숙(唐叔)은 주성왕(周成王)의 동모제(同母弟)인데 어찌 왕실에서 이물을 나눠 주지 않았겠소. 밀수(密須:감숙성 영대현 서쪽)땅의 명고(名鼓)와 대로(大路:큰수레)는 주문왕(周文王)이 대군을 사열할 때 사용했던 기물이오. 궐공(주무왕에게 멸망당한 국가)의 갑옷은 주무왕이 은나라를 칠 때 입었던 것이오. 당숙은 이를 받은 뒤 이를 이용해 진나라를 차지하고 융적을 광정했던 것이오. 이로써 후손 자손에게까지 그 공을 잊지 않게 했으니 이것이 소위 복(福)이라는 것이오. 숙부가 이런 복조(福祚)를 기억해두지 않으면 숙부의 마음이 과연 어디에 있는 것이오. 옛날 그대의 선조 손백염이 진나라의 전적을 담당해 정경이 되었소. 이에 성을 적씨(籍氏)라 한 것이오. 신유(辛有:주평왕 때 대부)의 둘째 아들 동(董)이 진나라에 가 기록을 담당하면서 이때 비로소 진나라에 사관 동사(董史)가 있게 된 것이오. 그대는 진나라 전적을 담당하는 관원의 후손으로 어찌하여 이런 일을 잊고 있단 말이오."

적담이 아무 대답하지 못했다. 빈객들이 물러간 뒤 주경왕이 말했다.

"적담의 후손은 녹위(祿位:벼슬자리)를 누리지 못할 것이다. 전고(典故)를 예로 들면서도 오히려 그 조상의 일을 잊고 있기 때문이다(數典

而忘其祖)."

『춘추좌전(春秋左傳)』소공(昭公) 15년조에 나온다. 여기서 수전망조 (數典忘祖)라는 성어가 나왔다. 전례(典例)와 고사(故事)를 헤아리면서 도 조상을 잊었다는 말이다. 고사(故事)를 잘 알고 있으면서 정작 자기 조상은 잘 알지 못한다는 뜻으로 사람이 근본을 잊은 것을 비유한다.

이런 내용을 보면 우리나라 국사 교육이 걱정된다. 대학입시에서 선 택과목이 된 후 국사를 배우려는 학생들이 점점 줄어든다니 배우지 않 고 우리 역사를 어떻게 알겠는가. 더욱이 중국과 일본이 우리나라 역 사를 왜곡하고 침탈하는 판이라 더욱 걱정된다. 다시 온고지신으로 돌 아가야 하겠다.

數:셀 수, 典:법 전, 忘:잊을 망, 祖:조상 조

04
"배우고 때에 맞게 익힌다"

—

學而時習
(학이시습)

요즘처럼 학습에 대한 압박이 큰 시대도 없다. 산업시대에서 정보시대에 진입하여 지식이 매우 중요한 역할을 하기 때문이다. 한때 대학에서 배운 것으로 평생을 산다는 말도 있었는데, 지금은 그렇게 하다가는 사회에서 낙오하고 만다.

옛 책을 들여다보면 그때도 '평생 공부를 해야 했구나' 싶어 위안이 되기도 한다. 해야 할 분야가 좁았을망정 그 깊이를 파자면 평생 천착을 해도 부족했으리라.

학이시습(學而時習)은 『논어(論語)』의 첫 머리에 나오는 말이다.

『논어』의 첫 머리에 이 말이 나오는 건 공부하고 사람을 가르치는 데 평생을 보낸 공자(孔子)의 일면을 가장 잘 보여주는 것이다.

원문은 "子曰, 學而時習之, 不亦說乎(자왈 학이시습지 불역열호)"로 공자 말하기를 '배우고 때로 익히니 기쁘지 않은가'라는 뜻이다.

배움에는 '지식'과 '사람다움'이 있는데 공자는 후자를 더 강조하였다. 그렇다고 지식이 덜 중요하다고 한 것은 아니다. 사람노릇을 제대로 하려면 우선 알아야 하기 때문이다. 학은 지식이나 학문의 원리적인 것을 말하고 그 원리가 현실생활의 피와 살이 되어야 하는데 그렇게 되면 항상 생활 속에서 익혀야 한다. 그것이 시습(時習)이다.

시(時)는 '때로'라는 부사로 풀기도 하나 적극적으로 '때에 맞게'로 해석하기도 한다. 배워도 그대로 두면 곧 잊어버리니 배운 바를 몸에 익히려면 때를 맞춰야 하는 법.

습(習)이란 '새가 날마다 쉬지 않고 날개를 펴서 나는 것을 익힌다'는 뜻. 이 시기를 놓쳐 날기를 그만 두면 영영 날지 못한다. 봄철 나무를 옮겨 다니며 나는 연습을 하는 어린 새를 한 번이나 본 사람은 그 의미를 실감할 것이다.

어린 적 구슬치기를 할 때 '습으로'라는 말을 자주 했다. 멀리 있는 구슬을 연습 삼아 여러 번 맞춰보고 나중에 정식으로 하는 건데 농촌에서 자란 40~50대 이상은 그런 추억이 있을게다. 습은 바로 그런 것처럼 반복하여 몸에 익숙하도록 익히는 거다. 그런 일이 왜 기쁠까.

생각해보라. 원리와 이치를 배우고 배운 것을 실제 생활에서 실현하도록 노력하는 동안 점점 사람답게 되어가니 어찌 기쁜 일이 아니랴. 학문에 성취감을 느끼고 더불어 '성인(聖人)'이 되어가는 것을 실감하니.

조선시대 문인 김시습(金時習)의 이름도 여기에서 따왔다.

學: 배울 학, **而**: 말 이을 이, **時**: 때맞출 시, **習**: 되풀이하여 행할 습

05
"제자가 스승보다 뛰어나다"

—

靑出於藍
(청출어람)

새로운 지식이 쏟아지면서 여러 분야에서 '무서운 아이들'을 많이 본다. 특히 정보통신이나 새로운 예술분야에 그런 이들이 많은데, 그만큼 경험이나 기존의 지식으로는 통하지 않은 시대가 되었기 때문일 것이다. 그래서 나이 어린 사람에게 배우는 일이 많아지고 또 그게 조금도 부끄럽지 않다.

아주 뛰어난 젊은이들을 보노라면 '靑出於藍(청출어람)'이라는 말이 머리에 떠오른다. "제자가 스승보다 뛰어나다"는 뜻이다. 중학교 한문 시간, 선생님은 "너희들이 청출어람하는 것이 내게는 큰 기쁨이다"며 이 말을 들려주었다. 그 장면이 지금도 또렷하다.

'청출어람'은 중국 전국시대 성악설(性惡說)을 주장한 순자(荀子)의 사상을 집성한 책 『순자』의 '권학(勸學)'편에서 비롯됐다.

"학문은 그쳐서는 안 된다. 푸른 색은 쪽에서 취했지만 쪽빛보다 더 푸르고(靑取之於藍而靑於藍) 얼음은 물이 이루었지만 물보다도 더 차다(氷水爲之而寒於水).… 높은 산에 올라가 보지 않으면 하늘이 높은 것을 알지 못하고 깊은 계속 가까이 가보지 않으면 땅이 두꺼운 것을 알지 못하며 옛 임금들이 남긴 말씀을 듣지 못한다면 학문의 위대함을 알지 못할 것이다. 오(吳)나라나 월(越)나라나 오랑캐의 자식들도 태어났을 때는 같은 소리를 내지만 자랄수록 풍습이 달라지는 것은 가르침이 다르기 때문이다."

이 대목 전체를 보면 순자는 배우는 것을 쉬지 아니하면 스승보다 나을 수 있다는 것, 모든 것은 습성의 탓, 생각보다 실천, 환경과 교육에 따라 사람은 변한다는 것을 지적하여 학문의 필요성과 그 방법을 제시했다. 여기서 '청출어람'이 나왔으며, 이를 줄여 '출람(出藍)'이라고 한다.

원래 청출어람이 청어람(靑出於藍而 靑於藍)이라 하는데 줄여 청출어람이라 한다. 또 출람(出藍)이라고도 한다. 청출어람은 쪽에서 나온 푸른 색이 쪽빛보다 더 푸르듯이 학문을 열심히 하면 스승을 능가하는 학문의 깊이를 가진 제자도 나타날 수 있다는 의미다. 따라서 청출어람은 제자가 스승보다 뛰어나다는 뜻을 비유하는 말이다. 또 이러한 재주 있는 사람을 '출람지재(出藍之才)'라고 한다.

우리 속담에 '나중 난 뿔이 우뚝하다'는 말이 있는데, 이는 '출람지재', '출람지예(出藍之譽)' 등과 함께 '청출어람'과 같은 뜻으로 사용되는 말이다. 2013년 개봉한 영화 '청출어람'은 청출어람의 뜻을 잘 보여준 작품이다. 판소리 명창과 어린 제자가 산에서 소리를 전수하고 전수받는 하루를 화면에 담은 영화인데, 자신보다 더 낫길 바라는 스승과 그런 스승을 따르는 소녀가 긴 여운으로 남는다.

청출어람을 설명할 때 옛 사람들은 '쪽빛은 쪽에서 나왔지만 쪽보다 푸르다'고 했나 보다. 중학교 한문 선생님도 그렇게 풀었다. 하지만 쪽 빛이 어떤 건지 우리는 전혀 이해하지 못했다. 시대가 변하여 쪽빛이 사라졌던 때였으니까. 그걸 실감한 것은 한참 지나서였다. 전통문화 계승 운동이 벌어지며 곳곳에서 쪽물 들이기가 천연염색 재현이라는 프로그램으로 등장하였다.

그때 유심히 보았다. 아! 그렇구나. 쪽빛은 쪽에서 나왔지만 과연 쪽보다 푸르구나! 쪽은 마디풀과의 한해살이풀로서, 여름에 꽃이 피고 여윈 열매를 맺는다. 잎으로 남빛 물감을 만든다.

청출어람은 또 후생가외(後生可畏)라는 말과 상통한다.

青:푸를 청, 出:날 출, 於:어조사 어, 藍:쪽 람

06
"뒤에 난 사람을 두려워하라"

—

後生可畏
(후생가외)

운동경기를 보면 지난해 우승한 팀이 올해도 우승한다고 말할 수 없다. 어제의 일등이 오늘의 일등이 아닌 것이다. 정상에 오르는 것보다 정상을 지키는 것이 더 어렵다.

여자 골프 선수에 박세리 키즈가 있다. 박세리 선수는 1998년에 LPGA 투어에 참가해 첫 해에 LPGA 챔피언십과 U.S. 여자 오픈에서 우승했다. 이러한 박세리를 보며 성장한 골프 선수를 '박세리 키즈'라고 한다. 이들의 활약을 보면 후생가외(後生可畏)라는 말을 실감한다.

후생가외, 이는 공자(孔子)가 한 말로 『논어』 자한편(子罕篇)에 나온다.

공자가 말했다. "후배들은 두려워할만 하다. 앞으로 올 사람이 지금 사람들보다 못할지 어찌 아느냐?(子曰, 後生可畏, 焉知來者之不如今也)"

후생(後生)은 선생(先生)과 상대가 되는 말이다. 자기보다 먼저 태어나고 지식과 덕망이 더 뛰어난 사람이 선생이고 자기보다 뒤에 태어난 사람, 후배에 해당하는 사람이 후생(後生)이다. 그런데 이 후생이 두렵다고 공자는 말한다. 이 후생은 장래에 무한한 가능성을 가지고 있으므로 가히 두려운 존재라는 것이다. 후생가외(後生可畏)라는 말이 여기서 유래했다. 뒤에 난 사람은 두려워할 만하다는 뜻으로, 후배는 나이가 젊고 기력이 왕성하여 학문을 계속 쌓고 덕을 닦으면 그 진보가 선배를 능가하는 경지에 이를 것이라는 말이다.

주희(朱熹)는 이에 "공자가 말한 후생은 나이가 젊고 기력이 왕성하여 학문하는 데 무한한 기대를 걸게 되니 그 기세가 가히 두려운 것이다(孔子言後生年富力强 足以積學有待 其勢可畏)"라고 주를 달았다. 연부역강(年富力强)이 여기서 나온다.

그러나 모든 후생이 두려운 건 아닐 게다. 노력하는 후생만이 두려운 존재다. 나이가 사오십이 되도록 이름이 나지 않으면 두려워할 것이 못 된다고 공자는 덧붙였다.

"마흔이 되고 쉰이 되어도 명성이 들리지 않으면 이 또한 두려워할 것이 못 될 수밖에(四十五十而無聞焉 斯亦不足畏也已)."

젊어서는 항상 학문에 정진해야 하고 선배가 되어서는 학문을 하는 태도가 겸손해야 함을 일깨우고 있다.

後 : 뒤 후, 生 : 날 생, 可 : 옳을 가, 畏 : 두려워할 외

07
"아랫사람에게 묻는 것을 부끄러워하지 않는다"

—

不恥下問
(불치하문)

위(衛)나라의 대부 공어(孔圉)는 좋은 사람이 아니었다. 친구의 아내를 빼앗아 자신의 아내로 삼은 인물이다. 나중에 그에게 문(文)라는 시호 (諡號)가 붙여져 공문자(孔文子)됐다. 시호는 선왕이나 어진 신하, 덕이 있는 선비들이 죽은 후에 생전의 공덕을 기려 임금이 내리는 이름. 자공(子貢)은 이를 이상히 여겼다. 그가 보기에는 악인이 문(文)의 시호를 얻었기 때문이다. 자공 또한 위나라 출신이었다. 그는 스승인 공자에게 "왜 문(文)의 시호를 붙였습니까?" 하고 물었다.

공자는 이렇게 대답했다. "영리하고 배우기를 좋아하고, 아랫사람에게 묻는 것을 부끄럽게 여기지 않았다. 이로써 시호를 문이라 한 것이다 (敏而好學 不恥下問 是以謂之文也)."

'不恥下問(불치하문)'은 여기서 유래했다. '아랫사람에게 묻는 것을 결코 부끄럽게 여기지 않는다'는 말이니 자신보다 못한 사람에게 묻는 것을 부끄럽게 여기지 않는다는 뜻이다. 이 말은 『논어』의 '공야장(公冶長)' 편에 나온다.

문(文)은 글월이라는 뜻 외에 다른 의미가 많다. '예절' '무(武)'와 상대적인 의미로서'의 문이라는 것이 있다. 또 형용사로 '교양있다, 온화하다, 부드럽다, 우아하다, 세련되다'로 쓰인다. 친구의 아내를 빼앗은 이에게는 어울리지 않은 글자다. 이에 대해 공자는 가타부타 하지 않았다. 행실이 좋지 않았지만, 학문을 좋아하고 아랫사람에게 묻는 것을 부끄러워하지 않은 자세를 높이 평가한 것일까. 하긴 엄격한 신분제 사회에서 불치하문은 매우 어려웠으리라. 판단은 독자들의 몫이다.

성호 이익(李瀷, 1681~1763)은 당시 선비들이 불치하문하지 않은 풍조를 비판하여 '불치하문'을 상세히 설명하였다. 이를 보면 왜 불치하문해야 하는지 잘 알 수 있다.

군자(君子)는 정성을 쏟고 힘을 다해서 널리 찾아 옛사람의 본뜻을 깨달으려고, 여럿의 말을 모아 가리되 비록 농담과 망설(妄說)일지라도 자세히 살피고, 진실로 괴상하고 잘못되어 이치에 어긋난 말도 용납하여 허물삼지 않는다. 이것이 "아랫사람에게 묻기를 부끄럽게 여기지 않는다(不恥下問)."는 말이 생기게 된 이유이다. 비유하면 마치 어진 임금이 처음으로 즉위하여 잘 다스릴 마음이 배고프고 목마른 것보다 더 심해서 조서(詔書)를 내리고 직언(直言)을 구한 결과, 사방에서 답지한 여러 의논을 그 중 착한 것은 상주고 착하지 않은 것도 벌주지 않는 것과 똑같은 것이다.

또 비유하면 마치 어떤 병자가 의술이 용한 의원이 있다는 소문을 들으면 반드시 먼 길도 꺼리지 않고 그를 찾아가 혹 도움이 있을까 바라는 것과 같은 것이고, 또는 어떤 나그네가 해 저문 갈림길에서 이리 갈까 저리 갈까 방향을 모르게 되면 나뭇꾼이나 목동, 아무것도 모르는 부인과 어린이라도 일일이 찾아서 갈 길을 묻는데, 이 중에 혹 속이기도 하고 잘못 가리키기도 한 것을 모두 따질 수가 없는 것과 같다는 것인데, 소위 "꼴 베는 아이에게도 물어야 한다"는 옛말이 바로 이것이다.
(이익, 한국고전번역원 고전국역총서 『성호사설』 제21권, 경사문(經史門), 불치하문(不恥下問) 참조)

　생각해보면 불치하문이 필요한 때는 바로 지금이 아닐까. 그만큼 모르는 분야가 많아지고 있기 때문이다. 박사라도 자신의 전공이 아닌 분야에는 전문가가 아닌데 하물며 나 같은 장삼이사(張三李四)야 말하여 무엇 하랴. '자신보다 못하다'는 것도 내 주관적인 생각이니 누가 나보다 못하다고 섣불리 판단하겠는가. 모르는 분야에는 마음을 활짝 열고 기꺼이 물어보자. 그래야 조금이라도 나아진다.

　恥(치)는 부끄럽다는 뜻이다. 부끄러운 이야기를 하면 귀불(耳)이 붉어지고 마음(心)에 수치는 느낀다.

不 : 아니 불, 恥 : 부끄러워할 치, 下 : 아래 하, 問 : 물을 문

08
"공부하는 즐거움에 책을 맨 가죽 끈이 세 번 끊어지도다"

—

韋編三絶
(위편삼절)

독서라도 책마다 읽는 방법이 다르다. 가령 대중 소설 같은 건 단숨에 읽어도 그 줄거리나 등장인물의 속성을 속속들이 알 수 있다. 전문서적이라면 처음부터 끝까지 세심하게 읽어야 겨우 무슨 내용인지 짐작이 간다. 심오한 철학서라면 두세 번 읽어야 의미가 와 닿는다.

독자의 수준에 따라서 읽는 방법도 달라야 하리라. 이미 해당 분야에 관한 지식을 충분히 갖춘 사람은 그 분야 전문서적이라도 수월하게 읽을 수 있다. 한 장 두 장 술술 넘겨도 그 뜻을 한 눈에 파악한다. 다른 사람들은 쭉쭉 장을 넘기며 책을 보는데 나는 그렇지 못하다면 그 분야 전문지식이 부족하다는 거다. 그럴 때는 집중해서 그 분야의 책을 자주 보아야 한다. 두세 번 보아서는 잘 모르지만 세 번, 네 번 읽으면 자기도 모르게 이해가 되고 암기까지 된다.

사법시험 등 고시를 보는 이들은 한 과목당 기본서를 최소한 다섯 번을 보아야 안심한다. 사법고시와 행정고시에 합격하여 여러 분야에서 활약을 하고 있는 이는 일곱 번씩 보았다고 한다. 옛 사람들도 마찬가지였다.

젊어서 자신의 뜻을 펴기 위해 상갓집 개 모양 이 나라 저 나라로 돌아다녔던 공자. 그도 만년에는 노나라에 돌아와 학문과 교육에 몰두하였는데 그 가운데 '역서(易書)'를 접하였다. 그 책에 빠진 공자는 밥 먹는 것도 잊고 책을 읽고 또 읽었다. 그러기를 수백 번. 마침내 책을 꿰맨 가죽이 세 번이나 닳아 끊어졌다. 그때는 종이가 아닌 대나무를 엮어서 만든 책이라 가죽도 질긴 것으로 묶었는데 그게 세 번 끊어졌다니 얼마나 많이 봤겠는가.

이는 한(漢)나라 사마천(司馬遷)이 쓴 『사기(史記)』의 '공자세가(孔子世家)'에 나온다. "孔子晩而喜易 讀易… 韋編三絶(공자만이희역 독역… 위편삼절), 공자가 늦게 역을 좋아하여 역을 읽어… 가죽 끈이 세 번 끊어졌다"에서 유래하였다. 얼마나 역(易)이 즐거웠으면 이렇게 공부에 몰두하였을까. 여기서 유래한 위편삼절(韋編三絶)은 공부하는 즐거움에 책을 맨 가죽 끈이 세 번 끊어지다라는 뜻으로 책을 보고 또 보고 열심히 공부하는 것을 비유한다.

공자 같은 이도 이렇게 피나게 공부를 했다. 해야 할 공부라면 절대 포기하지 말고 수백 번 보고 또 보자. 한두 번 보고 포기할 일이 아니다.

韋:가죽 위, 編:엮을 편, 三:석 삼, 絶:끊을 절

09
"학문은 제 본심을 찾는 데 있다"

—

求其放心
(구기방심)

"이렇게 어려운 걸 배워서 쓸데가 있을까?"

학교 다닐 때 여러 과목을 공부하다 보면 가끔 이런 생각이 들 때가 있었다. 해야 할 공부가 많은데 그 공부가 실생활에는 거의 도움이 되지 않을 듯싶을 때 문득 회의가 일었다. 살아가는 일상과는 거의 관계가 없는 내용을 이해하고 암기해야 할 때 이런 공부를 왜 하나, 의문이 들었다.

그 뒤 한문을 배우면서 답을 얻었다. "학문의 길이란 다른 것이 아니라, 내던져 버린 제 본심을 찾는 데 있을 따름이다(學問之道 無他, 求其放心而已矣)." 『맹자(孟子)』 가운데 '고자상(告子上)'에 나오는 글이다.

이 구절을 배우고 아무 실속 없는 듯 보이는 공부가 실은 본심을 찾는 데 있음을 알았다. 이를 통해 학문의 진정한 목적을 알게 되니 공부가 참으로 즐거워졌다. 학교를 마치고도 늘 공부에 마음을 두었던 것도 이 구절이 기억에 뚜렷이 남아있기 때문이다.

학생들을 상대로 이야기할 기회가 있으면 이런 질문을 꼭 던진다.

"공부는 왜 하지요? 지금 공부를 하는 목적이 뭔가요?"

학생마다 다양한 답변을 한다.

"좋은 데 취직을 위해서, 하고 싶은 것을 하기 위해서, 법관이 되어 정의를 실현하기 위해서… 등등."

다 좋지만 학생들이 그런 목적이 아닌 제 본심을 찾기 위해 공부를 하기를 간절히 바란다.

'求其放心(구기방심)'을 말하기 전에 맹자는 "인(仁)이란 사람의 마음이요, 의(義)란 사람의 길이다. 제 길을 버리고 제 길로 가지 않으며 제 본 마음을 내던지고 다시 찾을 줄 모르니 슬픈 일이다. 사람들은 제 닭이나 개가 달아나면 찾을 줄을 알지만 제 본심을 내던지고도 찾을 줄을 모른다."고 하였다.

여기서 방심(放心)이란 인(仁)을 버려버린 것, 구기방심(求其放心)은 인(仁)을 도로 찾는 노력을 의미한다. 본심을 찾는 것은 사람답게 사는 길을 가는 것이다.

날마다 정신없이 살다가 불현듯 '이게 아닌데, 이렇게 사는 게 아닌데' 싶을 때 본심을 내던져 버린 것 아닌지 돌아볼 일이다. 잘 먹고 잘 사는 것은 인생의 목적이 아니다.

求 : 구하다 구, 其 : 그 기, 放 : 내쫓는다, 놓는다 방, 心 : 마음 심

10
"아이를 위해서라면 수백 번 이사를 못 하리"

—

三遷之敎

(삼천지교)

맹자(孟子, 서기전 372?~ 서기전 289?) 어머니는 당시 다른 어머니들보다 자식 교육열이 뜨거웠던 모양이다. 남편을 잃고 혼자 아들 맹가(孟軻, 가는 맹자의 이름)를 키우면서 어떻게든 훌륭하게 만들겠다는 집념 하나로 살았다.

맹모의 집이 원래 묘지 근방에 있었는데 어린 맹자(孟子)는 장례 치르는 것을 보고 배워 놀 때도 곡을 하며 놀았다. 맹자 어머니는 '이곳은 아이가 살 곳이 못 된다'며 시장 가까운 곳으로 이사를 했다. 이번에는 집 근처에 도살장이 있어 맹자는 그곳에서 짐승을 잡아 파는 것을 보고 배웠다. 맹자 어머니는 '이곳도 아이가 살 곳이 못 된다'며 이어 집을 학궁(學宮) 인근으로 옮겼다.

이곳에서는 매월 초 관원들이 문묘(文廟)에 제사를 지내고 읍을 하고 들어갔다 나왔다. 맹자는 이를 보고 제기를 배열하고 예를 갖추어 절을 하고 나아가 물러나는 놀이를 하며 놀았다. 맹자 어머니는 '이곳이 아이가 살 곳이구나' 하고는 드디어 그곳에 살았다. 맹자는 장성하여 육예(六藝)를 배우고 큰 유학자가 되었다. 군자(君子)가 말했다. "맹자 어머니는 자식을 잘 가르쳤다."

한(漢)나라 유향(劉向)의 『열녀전(列女傳)』1권 모의전(母儀傳) 추맹가모(鄒孟軻母)에 나오는 이야기이다. 이 고사에서 맹모삼천(孟母三遷)이라는 성어가 나왔다. 이 '열녀전' 말미에 송(頌)이 붙어 있다. "맹자 어머니는 사는 곳을 옮겨가며 자식을 가르쳤다. 자식에게 육예(六藝)를 택하고 큰 학문을 따르도록 하였다. 자식이 더 배우려 하지 않자 짜던 베를 끊어 보여 주니 자식이 드디어 덕을 이루어 당대에 명예를 얻었도다."(頌 曰, 孟子之母, 敎化列分, 處子擇藝, 使從大倫, 子學不進, 斷機示焉, 子遂成德, 爲當世冠)

맹모삼천이라는 성어의 출처는 후한(後漢)말 유학자 조기(趙岐)가 쓴 '맹자제사'(孟子題詞)이다. 이 제사 가운데 "맹자는 태어나서 어진 바탕이 있어 어려서 자애로운 어머니가 세 번 옮겨 배우도록 했다."(孟子生有淑質, 幼被慈母三遷之敎)라는 구절이다. 맹모삼천은 맹자 어머니가 세 번 이사했다는 말로 자녀의 교육에 좀 더 좋은 환경을 찾아 여러 번 이사하는 것을 가리킨다. 교육에는 주위 환경이 중요하다는 점을 강조하는 고사성어다. 삼천지교(三遷之敎) 또는 맹모삼천지교(孟母三遷之敎)라고도 한다.

맹자(孟子)는 전국(戰國) 시대 사상가로 공자(孔子)의 학문을 계승하여 인의(仁義)를 제창하고 왕도(王道)정치를 강조했다. 후대에 아성(亞聖)으로 공자와 함께 추앙받았다.

삼천지교를 가장 잘 실천한 사람들은 우리나라 학부모일 것이다. 한때는 자녀 교육을 위해 서울 등 대도시로 이주를 하였고, 지금은 아버지는 국내에 남고 자녀가 어머니와 함께 유학 가는 사례가 많다. 1990년대 말 조기유학 열풍으로 생겨난 이런 아버지를 '기러기 아빠'라고 한다. 홀로 남은 아빠는 외로움과 그리움에 시달려 우울증을 앓거나 자살까지 하는 사례가 늘어나 사회문제가 되고 있다. 무엇을 위해 공부를 하는지 앞에서 말한 구기방심(求其放心)을 생각해볼 필요가 있다.

孟:맏 맹, 母:어미 모, 三:석 삼, 遷:옮길 천

11

"학문도 중도에 그만두면 아무 쓸모 없다"

—

斷機之敎

(단기지교)

맹자의 공부를 위해 맹자 모친이 세 번이나 이사를 했다. 그렇게 공부를 위해 집을 떠난 맹자가 어느 날 돌아왔다. 맹자를 보고 어머니는 이렇게 물었다.

"공부는 어디까지 하였느냐?"

"예전과 다름이 없습니다."

아들의 말이 끝나자마자 맹자 어머니는 옆에 놓아둔 칼을 집어들더니 짜고 있던 베를 싹둑 잘라 버렸다. 맹자는 떨리는 목소리로 물었다.

"아니, 어머니, 짜던 베를 왜 잘라 버리세요."

"네가 공부를 중도에 그만두고 돌아온 것은 지금 내가 베를 잘라버리는 것과 같다.(子之廢學, 若吾斷斯織也) 무릇 군자는 학문을 하여 이름을 날리고 모르는 것은 물어서 식견을 넓혀야 한다. 이로써 거(居)함에 편안해지고, 움직이면 해로운 것을 멀리한다. 너는 학문을 그만 두었다. 너는 이제 다른 사람의 심부름꾼 신세를 벗어날 길이 없고 재앙과 근심을 피하지 못할 것이다. 그러니 생계를 위해 베를 짜다가 그만 두는 것과 무엇이 다르겠느냐? 중도에 그만두고 하지 않은데 어찌 남편과 아이들 옷을 마련할 수 있으며 장차 식량이 부족하지 않게 하겠느냐! 여자는 생계 위한 것을 그만두고 남자는 수양에서 떨어져 도둑질을 하지 않으면 남의 종이 될 것이다."

맹자는 크게 각성하였다. 그 길로 다시 스승에게로 돌아가 더욱 열심히 공부하였다.

이를 두고 斷機之敎(단기지교)라 한다. 맹자 어머니가 짜던 베를 잘라버린 것처럼 학문도 중도에 그만두면 아무 쓸모가 없다는 것을 말한다. 맹모단기(孟母斷機), 단기지계(斷機之戒)라고도 한다. 이 고사 역시 전한(前漢) 말 유향(劉向)이 쓴 『열녀전(烈女傳)』에 나온다.

오랜만에 집에 온 아들, 남편도 없이 홀로 길쌈을 하여 키우는 자식이니 눈에 넣어도 아프지 않았으리라. 하지만 반가운 마음보다 아들의 장래를 생각한 어머니는 눈물을 머금고 아들에게 매섭게 대했다. 이런 훌륭한 어머니의 가르침을 받은 맹자는 마침내 당대에 최고 학자가 되었다. 그리고 공자에 버금가는 성인이 되어 아성(亞聖)으로도 추앙받았으니 다 어머니의 덕이다.

斷 : 끊을 단, 機 : 베틀 기, 之 : 어조사 지, 敎 : 가르칠 교

12
"학식이나 재주가 크게 발전하다"

—

刮目相對
(괄목상대)

괄목상대(刮目相對)는 "눈을 비비고 상대편을 본다"는 뜻으로, 남의 학식이나 재주가 놀랄 만큼 부쩍 늘어남을 일컫는 말이다. 이 말은 중국 삼국시대 오(吳)나라와 관계가 있는 고사성어다.

삼국시대 오왕(吳王) 손권(孫權, 182~252)이 여몽(呂蒙, 178~219)과 장흠(蔣欽, ?~219) 두 장수에게 말했다. "경들은 지금 나라 일을 하는 만큼 응당 학문을 익혀 스스로 유익하게 하여야 하오." 여몽이 대답하기를 "죄송합니다만 군중(軍中) 일이 항상 힘들고 많아 책을 볼 수 없습니다."라고 하였다.

이에 손권이 여몽에게 "내가 어찌 경더러 공부를 하여 박사가 되라고 하겠소? 다만 군대를 거느리고 옛일을 살펴 볼 정도면 되오. 경은 일이 많고 힘들다고 하지만 어찌 나만큼 하리오? 나는 어려서 『시』, 『서』, 『예기』, 『좌전』, 『국어』를 다 공부했으나 오직 『역(易)』만 읽지 못했소.

나라를 다스리게 된 후에도 삼사(三史)와 여러 병서(兵書)를 읽으니 스스로도 유익한 점이 매우 많소. 경들은 의지가 굳고 영리하니 학문을 하면 반드시 얻는 게 있을 것인데 어찌 하지 않겠다는 것이오?"

손권의 말은 계속 이어진다.

"우선 서둘러 『손자(孫子)』, 『육도(六韜)』, 『좌전』, 『국어』와 삼사(三史: 『사기』, 『한서』, 『동관한기』)를 읽으시오. 공자(孔子)도 이렇게 말하지 않았소. '종일 먹지 않고 밤새 잠을 자지 않고 생각해도 무익하니 학문을 하는 것만 못하다'고. 후한 태조 광무제(光武帝)는 전쟁터에서도 손에서 책을 놓지 않았소. 조조(曹操, 155~220) 역시 스스로 말하기를 늙도록 학문을 좋아한다고 하였소. 경은 어찌 홀로 스스로 힘쓰려 하지 않는 것이오?"

여몽은 이에 학문을 하기 시작하였는데 뜻이 돈독하고 배움을 게을리하지 않음으로써 학문이 깊어지니 전에 그를 무시했던 선비들도 나중엔 그를 당해내지 못했다. 후에 노숙(魯肅, 173~217)이 주유(周瑜, 175~210)를 대행하여 여몽의 군영 밖을 지나게 되었을 때 일이다. 여몽의 군영에서 서로 만났으나 노숙은 여전히 여몽을 낮추어 보았다.

그러다 여몽과 이야기를 나누어본 노숙은 일어나 여몽의 등을 어루만지며 말했다. "나는 동생에게 다만 무예와 전략만 있는줄 알았는데 지금 보니 학식이 매우 뛰어나 예전 오하의 아몽이 아니구려.(吾謂大弟但有武略耳, 至於今者, 學識英博, 非復吳下阿蒙)" 여몽이 대답했다. "선비는 헤어졌다 사흘이 지나 다시 만나면 눈을 비비고 서로 대합니다.(士別三日, 卽更刮目相待)"

이어 여몽은 노숙을 위해 세 가지 계책을 알려 주었고 노숙은 존경하는 마음으로 받아들였다. 손권이 항상 말하기를 "사람이 성장하면서 발전해가는 것이 여몽과 장흠만 같다면 이르지 못할 곳이 없다."고 하였다. 진(晉)나라 우부(虞溥)의 강표전(江表傳)에 나오는 이야기인데 『삼국지(三國志)』 오서(吳書) 여몽(呂蒙)전의 주(注)로 인용되어 전한다.

여기서 괄목상대(刮目相待)라는 고사성어가 유래했다. 여몽은 어려서 가난하여 학문을 하지 못해 군공(軍功)으로 출세를 하였지만 주위에서 무시를 당하곤 했다. 오하아몽(吳下阿蒙)은 학식이 없고 비루한 사람이라는 뜻이다. 괄목상대는 눈을 비비고 상대편을 본다는 뜻으로 남의 학식이나 재주가 놀랄 만큼 부쩍 늘어남을 비유하는 말이다. 우리나라에서는 괄목상대(刮目相對)로 많이 쓴다.

1595년 사헌부가 선조에게 올린 글을 보면 여몽의 사례를 들어 무관의 교육을 강조하였다.

"우리나라 장수들은 병기만 잡아 보았을 뿐 책은 한 번도 읽어보지 않아 문무(文武)의 업(業)이 판이하게 둘로 나뉘어졌습니다. 그리하여 한결같이 무식하기만 하여 어자(魚字)와 노자(魯字)도 분별하지 못하여 일을 당하거나 적을 대했을 때에는 혼자 망설이며 두려워서 꼼짝도 못하고 있으니, 저 변화 무궁한 진법(陣法)의 형태를 어떻게 알겠습니까.

원컨대 전하께서는 비변사에 특명을 내리시어 널리 공론을 채택하고 장수가 될 만한 인재를 선발하게 하소서. 그리고 그가 읽은 책을 기록하고 과목을 배정하여 강습을 시켜 등수에 따라 상과 벌을 주게 하면 장수의 자질이 크게 변화하여 괄목상대하게 될 것이니, 어찌 오(吳)나라에만 여몽(呂蒙)이 있겠습니까."

刮:비빌 괄, 目:눈 목, 相:서로 상, 對:대할 대

13
"학문을 굽혀 세상에 아부하다"

—

曲學阿世
(곡학아세)

학문을 하는 이유가 맹자(孟子)는 "제 본심을 찾는 데 있다(求其放心)"고 하였지만 세상살이는 꼭 그런 것만은 아니다. 학문을 하는 사람들 가운데는 본심은 내버려두고 바깥의 외물(外物)에 온통 마음을 빼앗긴 사람들이 많다. 요즘 특히 정치나 높은 관직에 뜻을 든 이들에게서 그런 모습을 본다. 자신의 출세를 위해 학문을 이용한다. 세상을 위해 학문을 하는 것이 아니다. '곡학아세(曲學阿世)'하는 이들이 득세하는 세상, 결코 누구에게나 행복한 세상이 아닌 듯하다.

曲學阿世(곡학아세)는 "그릇된 학문으로 시세나 권력자에게 아첨한다"는 뜻이다. 이 말은『사기(史記)』유림전(儒林傳)에 나온다.

중국 전한(前漢) 제4대 효경제(孝景帝, 기원전 188~기원전 141)때 청하왕(清河王 : 경제의 아들 유승)의 태부(太傅) 원고(轅固)는 제나라 사람으로『시』에 정통하여 경제 때 박사가 되었다.

효경제의 모친 두 태후(竇太后)는 『노자(老子)』를 몹시 좋아했다. 태후는 원고를 불러 『노자』를 어떻게 생각하느냐고 물었다.

원고는 "이것은 무식한 하인배의 말이나 다름없습니다"라고 서슴없이 대답했다. 노발대발한 태후는 원고를 돼지 우리에 보내 돼지를 잡도록 했다. 경제는 태후의 화풀이와 원고의 직언이 무죄임을 알고 원고에게 예리한 칼을 주어 돼지를 찌르게 하였다. 원고는 정확히 심장을 찔러 단번에 돼지를 넘어뜨렸다. 다시 벌할 수 없게 되자 태후도 용서할 수밖에 없었다. 경제는 원고가 청렴하고 정직하다고 여겨 청하왕의 태부로 승진시켰다. 원고는 그 뒤 병으로 벼슬을 그만두었다.

무제는 즉위 초기 원고를 현량(賢良)으로 다시 불러들였다. 원고를 미워하던 모든 선비들이 "원고는 이미 늙었습니다."라고 헐뜯어 그를 돌려보내고 말았다. 그때 원고는 이미 아흔이 넘었다.

이때 산동(山東) 출신의 공손 홍(公孫 弘)이라는 학자도 나이 60에 초빙되었는데, 그는 원고를 두려운 눈빛으로 대하였다. 원고는 그런 공손 홍에게 충고하였다.

"공손자(公孫子)여, 부디 바른 학문을 하여 세상에 널리 보급하여 주시오. 결코 자기가 믿는 학문을 굽혀서 세상에 아부하지 마시오(務正學以言 無曲學以阿世)."

한 무제 때 여러 사상가의 학설을 배척하고 유학(儒學)을 숭상하였다. 여기서 '정학(正學)'이란 유가(儒家) 학설을 의미한다.

이후 제나라에서 『시』를 논하는 사람은 모두 원고에 근거하였다. 제나라 사람으로 『시』로 귀족이 된 이들은 모두 원고의 제자들이었다. 원고는 유교 경전에 정통하였을 뿐만 아니라 제자들도 구름같이 많았음을 알 수 있는 대목이다.

　사마천은『사기』에서 "『시』를 논하는 사람으로 노나라의 신배공(申培公), 제나라의 원고생(轅固生 : 생은 존칭), 연나라의 한태부(韓太傅)가 있다.『상서(尙書)』로는 제남(濟南)의 복생(伏生)이 있었다.『예(禮)』를 논한 사람은 노나라의 고당생(高堂生)이고,『역(易)』을 강론한 사람은 치천(菑川 : 지금의 산동성 수광현 경계) 전생(田生)이다.『춘추(春秋)』강론은 제나라와 노나라에서는 호무생(胡毋生)에서 시작하였고 조(趙)나라에서는 동중서(董仲舒)였다."라고 하였다. 다 유가 경전의 대가들이다.

　공손 홍은 집안이 가난하여 해변에서 돼지를 길렀다. 나이 사십이 넘어『춘추(春秋)』에 관한 제가(諸家)의 설을 공부하였다. 따라서 원고가 보기에는 공손홍이 정학을 따르지 않는 것으로 보였다. 공손 홍은 후에 승상이 되고 평진후(平津侯)에 봉해졌는데 청렴한 것처럼 꾸미기를 좋아하였고 남을 시기하고 의심하기를 잘하였다. 하지만 공손홍이『춘추(春秋)』로써 한낱 평민에서 천자의 삼공(三公)에 오르고 평진후에 봉해졌다. 이로써 천하 학자들은 일제히 유학에 몰리게 되었다.

　曲은 속이 둥근 그릇 모양을 본뜬 것에서 '굽다', 阿는 '언덕', '아첨하다'는 뜻이다.

曲 : 굽을 곡, 學 : 배울 학, 阿 : 아첨할 아, 世 : 세상 세

14
"아주 쉬운 글자도 알지 못한다"

—

目不識丁

(목불식정)

지금은 누구나 글을 배울 수가 있지만, 과거에는 그렇지 못했다. 왕족이나 귀족, 선비 등 일부 계층에만 제한되었다. 평민이나 천민들은 배울 기회도 배울 수도 없는 시대가 있었다. 그들은 아주 쉬운 문자도 잘 알지 못했다. 글을 아는 이들에게는 매우 쉬운 글자였겠지만 배우지 못한 이들은 그것도 알 수 없었다.

그러한 사람을 두고 '목불식정(目不識丁)'이라 하였다. '고무래를 눈으로 보고도 '丁'자 같이 간단한 글자를 모른다', 또는 '모르는 사람'이라는 뜻이다. "낫 놓고 '기역(ㄱ)'자도 모른다."는 우리 속담과 일맥상통한다. 글자 한 자도 모른다는 '一字無識(일자무식)'과 같은 의미다.

당(唐)나라 시절 지방 절도사 가운데 장홍정(張弘靖)이라는 이가 있었다. 그는 아버지 장연상(張延賞) 등 조상들이 나라에 공을 세운 덕에 관리가 된 인물이다. 그가 유주(幽州)와 노룡(盧龍)을 관장하는 절도사가 되어 부임하였다. 그가 유주에 들어서니 계(薊:지금의 북경) 지역 사람들이 남녀노소할 것 없이 나와 구경을 했다. 원래 이 지역 군대는 장수가 더위나 추위를 무릅쓰고 병사들과 함께 하였고 편안하게 가마를 타는 일이 없었다. 장홍정은 오랫동안 부귀를 누린데다 유주의 풍토를 잘 몰랐다. 그래서 병사들 속에서 그만 가마를 탔다. 구경하는 사람들이 이를 보고 매우 놀랐다.

장홍정이 안록산, 사사명의 난이 유주에서 비롯된 것을 알고 초창에 일을 끝내어 풍속을 바꾸려고 안록산의 묘를 파서 그 시신을 훼손하니 계 사람들이 더욱 실망하였다.

장홍정의 종사 중에 위옹(韋雍)·장종후(張宗厚) 등이 있었다. 이들은 경망하고 방자하고 술을 좋아하여 주야로 항상 취하여 돌아왔다. 촛불로 가득 찬 밤 거리에서 큰소리를 질러대니 이는 계 지역 사람들에게는 익숙하지 않은 것이었다. 이들은 부하들이 말리면 도리어 군사들에게 "천하가 무사태평한데 이런 시절에는 너희 무리들이 포와 활을 당기는 것은 丁자 하나를 아는 것만 못하다."라고 꾸짖었다. 이에 군사들 사이에 원망이 깊었다.

전임 절도사 유총(劉總)이 조정으로 돌아가면서 돈 일백만 관을 군사들에게 나누어 주라고 남겼다. 홍정은 이 가운데 이십만 관을 남겨 군비로 썼다. 계 지역 사람들이 그 분을 못 이겨 마침내 반란을 일으켜 장홍정은 계문관에 가두고 위옹, 장종후 등을 모두 잡아 죽였다.

사태가 진정되자 조정은 장홍정을 무주자사(撫州刺史)로 좌천시켰다. 『구당서(舊唐書)』 129권 장연상(張延賞)열전에 나온다. 여기서 목불식정(目不識丁)이라는 말이 나왔다.

識은 말(言)을 찰진 흙에 새겨놓았다는 것에서 '보다', '알다', '기록하다'는 뜻이 나왔다. 丁은 못(釘)의 모양을 본뜬 글자다. 넷째 천간을 가리키며 다시 '장정(壯丁)'의 뜻으로 쓰인다. '고무래 정'이라고 흔히 알고 있으나 이는 바르지 않다. 글자 모양이 곡식을 긁어모으는 고무래와 비슷하여 그렇게 부를 따름이지 본래 뜻은 그렇지 않다.

目:눈 목, 不:아닐 불, 識:알 식, 丁:장정 정

15
"학문을 할 때는 먼저 모름지기 뜻을 굳게 세운다"

—

先須立志
(선수입지)

무릇 처음 배우는 사람은 무엇이든 목적이 있어야 함은 예나 지금이나 다를 바 없다. 先須立志(선수입지)는 율곡 이이(李珥, 1536~1584)가 쓴 『격몽요결(擊蒙要訣)』 첫 장 '입지장'에 나오는 말이다. 격몽요결은 조선 선조 때 율곡이 청소년들을 위해 쓴 교육지침서이다. 격몽이란 '어두움을 쳐낸다'는 뜻이다. 요결은 요긴한 비결이라는 의미다.

율곡이 말하기를 "처음 배우는 이는 먼저 모름지기 뜻을 굳게 세워야 하는 것이니 반드시 성인으로서 스스로 기약을 하는 것이요, 털끝만큼이라도 물러나려는 마음을 가져서는 안 된다.(初學 先須立志 必以聖人 自期, 不可有一毫自小退託之念)"고 하였다.

왜 학문을 하려는지 먼저 뜻을 굳게 세워야 하는데 그 본보기로 성인이 있다. 그 성인과 같은 사람이 되겠다고 스스로 결심하는 것이요, 그 결심이 조금이라도 흔들려 물러서려는 마음이 있어서는 안 된다고 율곡은 말하였다. 왜냐하면 모든 사람이 대개는 성인과 그 본래의 성품이 똑같기 때문이다. 성인은 그 본래의 성품을 깨끗이 하여 학문과 실천에 힘쓴 사람이다.

율곡은 "비록 기질은 청탁순박의 차이는 없을 수 없으나 진실되고 참되게 알고 실천하여 과거에 오염된 것을 버리고 그 본성으로 돌아간다면 나쁜 것은 털끝만큼도 늘어나지 않고 모든 선이 갖추어져서 족할 것이니 모든 사람이 어찌 성인으로서 스스로 기약하지 않겠는가." 하였다.

옛 사람들은 공자(孔子)와 같은 성인이 되고자 배움을 시작할 때부터 마음을 다졌으니 옛 사람들은 학문을 통해 자기완성을 얼마나 진지하게 추구하였는지, 『격몽요결』을 읽을 때마다 느낀다. 지금 사람들은 자녀나 제자들이 어떤 마음으로 공부하기를 바라는지 생각하면, 옛 사람의 가르침이 더욱 빛난다. 종종 터지는 학력 위조 사례나 표절을 보면서 학문하는 뜻을 모르는 이들이 많아진 듯 하여 안타깝다.

須는 모름지기, 志는 뜻인데 선비 사(士)가 위에 있으니 선비의 고결한 뜻을 가리킨다.

先 : 먼저 선, 須 : 모름지기 수, 立 : 설 립, 志 : 뜻 지

16
"다른 산의 돌로 옥을 갈다"

—

他山之石

(타산지석)

사람이 꼭 책을 통해서만 배우는 것은 아니다. 경험을 통해서 배우기도 한다. 또 타인의 언행을 보고 배우기도 한다. 다른 사람의 좋은 언행은 본받고 그렇지 않은 언행은 따라하지 않겠다고 다짐하는 것이 그 좋은 예이다. 다른 사람의 아름답지 못한 행동을 보고 내가 처신할 바를 고친다면 그 사람의 행동은 내게 '타산지석'(他山之石)이 된다.

중국 고대 노래를 모아놓은『시경(詩經)』의 '소아(小雅)' '학명편(鶴鳴編)'에 타산지석이 나온다. 타산지석이 "다른 산의 못생긴 돌멩이라도 숫돌을 하리로다(他山之石可以爲錯)", "다른 산의 못생긴 돌멩이로 옥을 갈리로다(他山之石可以攻玉)"으로 두 번 나온다.

즐거운 저 동산에는 (樂彼之園 낙피지원)

박달나무 심어놓고 (爰有樹檀 원유수단)

그 아래 닥나무 있네 (其下維穀 기하유곡)

다른 산의 돌이라도 (他山之石 타산지석)

이로써 옥을 갈 수 있네 (可以攻玉 가이공옥)

여기서 돌은 소인, 옥은 군자를 의미한다. 돌멩이는 소인이고 옥을 군자에 비교하여 군자도 소인에 의해서 수양을 쌓고 학문과 덕을 쌓아 갈 수 있음을 말한 것으로 소인이라도 군자의 수양에 도움이 되는 것이니 결코 이를 버릴 것이 아니라는 뜻으로 본다.

'他山之石(타산지석)', 다른 산에 나오는 돌이라도 자신의 산에 나오는 옥돌을 가는 데에 쓸 수 있다는 뜻으로, 좋지 않은 남의 말이나 행동도 자신의 지식과 인격을 수양하는 데에 도움이 될 수 있음을 비유하여 이르는 말이다.

지금은 소인과 군자가 따로 없으니 어찌 수양이나 학문에만 타산지석이 있겠는가. 매사에 타산지석이 있을 수 있다. 하지만 항상 옥을 갈려는 마음을 갖고 있어야 다른 산의 돌멩이가 의미가 있는 것이다. 내가 배우려 하지 않고 아이디어를 구하지 않는다면 타산지옥(他山之玉)도 돌멩이로 보이지 않겠는가.

他는 '남' '다르다' 錯(착) : 숫돌 착, 어긋날 착, 攻은 '치다' '닦다'는 뜻이다. 비슷한 뜻으로는 '전거지감'(前車之鑑)이라는 말이 있다. '앞 수레의 거울'이라는 뜻으로 "앞에 가는 수레가 뒤집히는 것, 앞의 실패를 거울삼아 조심한다"는 의미다. 실패에서 배우는 실패학이다. 『순자(荀子)』 '성상(成相)'편에 나온다.

타산지석의 뜻과 반대되는 성어로는 '중도복철(重蹈覆轍)'이 있다. 중도복철은 수레가 뒤집혔던 길을 다시 밟다는 뜻으로 이전의 실패에서 배우지 못하고 똑같은 실수를 반복하는 것을 비유한다. 『후한서(後漢書)』 두무전(竇武傳) "이전 일의 실패를 지금 고려하지 않으면 수레가 뒤집힌 길을 다시 따라가게 됩니다. 신은 진(秦)나라 이세(二世) 황제의 어려움이 필시 다시 오리라 우려합니다. 조고가 일으킨 변란과 같은 것이 아침이 아니면 저녁에 올 것입니다(今不慮前事之失, 復循覆車之軌, 臣恐二世之難, 必將復及, 趙高之變, 不朝則夕)"에서 나왔다.

他:다른 타, 山:뫼 산, 之:어조사 지,(~의), 石:돌 석

17

"경치나 문장 또는 어떤 상황이 갈수록 재미있어진다"

—

漸入佳境

(점입가경)

양쯔강(揚子江)은 중국의 어머니다. 토지를 비옥하게 하는 중국의 젖줄이며 운하로 남북을 이어준다. 서진(西晉)의 왕족 시마 예는 오(吳)나라의 옛 도읍지 건업(建業 : 南京)을 도읍으로 삼아 동진을 세웠다. 이동진 때 북방으로부터 인구가 유입되어 양쯔강 중·하류 유역이 개발되어 장원(莊園)도 형성되었다.

풍요한 덕분에 문화도 꽃피게 되었는데 우리에게도 익히 알려진 명필 왕희지(王羲之)가 이때 사람이다. 그와 함께 그림의 고개지(顧愷之), 시의 도연명(陶淵明)이 유명하다.

고개지는 초상화와 옛 인물을 잘 그려 중국회화사상 인물화의 최고봉이라는 평을 받는다. 현재 영국 대영박물관에 있는 '여사잠도(女史箴圖)'를 고개지가 그린 것으로 알려졌다. 남경(南京) 와관사(瓦棺寺) 창건때는 고개지가 그림으로 백만 전을 모아 보시를 했다는 이야기가 있다.

그가 불당에 그린 '유마힐(維摩詰)' 그림이 마치 살아있는 것처럼 정교해 이를 구경 온 사람들의 보시가 그만큼 많았다는 것이다.

고개지는 사탕수수를 즐겨 먹었다고 한다. 그는 늘 가는 줄기부터 먼저 잘라 먹었다. 이를 이상히 여긴 사람이 "사탕수수를 왜 거꾸로 먹느냐."고 묻자 이렇게 대답하였다. "먹을수록 점점 단맛이 나기 때문이지."라고 고개지는 대답하였다.(愷之每食甘蔗, 恒自尾至本. 人或怪之. 云漸入佳境)

『진서(晉書)』문원전(文苑傳) '고개지전'에 나오는 이야기다.

여기서 점입가경이라는 말이 널리 쓰이게 되었다. 漸入佳境은 '경치나 문장 또는 어떤 일의 상황이 갈수록 재미있게 전개되는 것'을 뜻한다. 줄여서 자경(蔗境) 또는 가경(佳境)이라고도 한다. 들어갈수록 점점 재미가 있다는 뜻으로 쓰이니 상태가 점점 나빠지거나 악화되는 것에는 맞지 않다.

漸 : 점차 점, 入 : 들 입, 佳 : 아름다울 가, 境 : 지경 경

18
"목숨을 버리고 의를 취하다"

—

捨生取義
(사생취의)

"물고기도 욕심나고, 곰발바닥도 내가 원하는 바다. 하지만 둘 다 가질 수 없다면 나는 물고기를 포기하고 곰발바닥을 차지하겠다. 목숨 또한 내가 원하는 것이고, 의도 내가 원하는 것이다. 하지만 둘 다 얻을 수 없다면 나는 생명을 버리고 의를 취하겠다.(二者不可得兼, 捨生而取義者也)

삶도 내가 원하는 것이지만, 생명보다 더 간절하게 원하는 것이 있는 바, 구차하게 얻으려고 하지 않는다. 죽음도 내가 싫어하는 것이지만, 죽는 것보다 더 싫어하는 것이 있기에 환란이 닥쳐도 피하지 않는 때가 있다.

사람이 원하는 것이 목숨보다 더 간절한 것이 없다고 한다면, 목숨을 구할 수 있다면 무엇인들 쓰지 않겠는가? 만일 사람이 싫어하는 것에 죽음보다 더한 것이 없다고 한다면, 환란을 피하는 데 무엇이든 하지 않겠는가?

그러기에 살 수 있더라도 수단을 쓰지 않는 경우가 있고, 그러기에 환란을 피할 수 있더라도 하지 않는 경우가 있다.

그러므로 하고 싶은 일에 목숨보다 더 한 것이 있고, 싫은 일에 죽음보다 더한 것이 있으니, 어진이만이 이런 마음이 있는 것이 아니라 사람마다 다 가지고 있다. 현인은 이 마음을 잘 간직하여 잃어 버리지 않을 따름이다."

성선설을 주장한 맹자(孟子)가 한 말이다. 『맹자』 고자 상(告子 上)에서 사생취의(捨生取義)라는 성어가 나왔다. 세상에 목숨보다 더 중요한 것이 없지만, 옳은 일이라면 비록 목숨을 잃을지언정 그것을 해야 한다는 뜻이다. 공자(孔子)가 말한 살신성인(殺身成仁)과 같은 뜻으로, 목숨보다도 인(仁)과 의(義)를 더 중시하여 정의를 위해 목숨을 바친다는 사상이다. 인과 의를 강조한 나머지 목숨을 버리라고 하였지만, 가만히 생각해보면 무서운 사상이다. 인과 의가 그 만큼 중요하다는 의미이지 반드시 죽어야 한다는 뜻은 아닐 것이다.

捨 : 버릴 사, 生 : 살 생, 取 : 취할 취, 義 : 옳을 의

19

"공중에 뜬 누각"

—

空中樓閣

(공중누각)

옛날 어느 마을 사람이 3층 누각을 새로 지었다. 이웃에 사는 부자가 와서 보니 매우 호화롭고 아름다웠다. 부자도 그 같은 누각을 짓고 싶어 목수를 불렀다. 목수가 터를 닦고 기둥을 세우는 것을 지켜보던 부자는 이렇게 말했다. "나는 3층만 필요하다네. 아래 두 층은 지을 필요 없네."

목수는 그러한 누각을 세우는 방법은 없다며 그만두고 가 버렸다. 부자는 더 유명한 목수를 찾아가 같은 말을 했다. 맨 위 층만 필요하고 아래 두 층은 필요 없다고. 그런 집은 있을 수 없다는 대답에 부자는 또 더 이름난 목수를 찾아갔지만 번번이 퇴짜를 맞았다. 이 고사에서 공중누각(空中樓閣)이라는 성어가 유래했다.

당(唐)나라 초기 시인 송지문(宋之問)은 '유법화사(游法華寺: 법화사에서 노닐다)'라는 시를 남겼다.

이 시에 "허공 속에는 누대와 전각이 이어져 있고(空中結樓殿), 마음

속에는 구름과 무지개가 피어난다(意表出雲霞)"라는 구절이 있다. 이 중 '공중결누전'(空中結樓殿)에서 공중누각(空中樓閣)이 나왔다.

법화사는 중국 절강(浙江) 서북(西北) 법화산 아래 있는 절로 진(晉)나라 때 고승 법화(法華)의 영적(靈蹟)과 법화천(法華泉)으로 유명하다. 법화사는 건축이 극히 웅장하고 아름다웠다. 송지문은 시에서 높이 솟은 법화산이 부처님이 영취산에서 설법하는 것처럼 장엄하고 성스런 모습을 하고 있다고 읊었다. 운해(雲海)에 둘러싸여 있는 법화사의 장관은 마치 누각이 공중에 떠있는 것과 같다고 하였다.

공중누각은 공중에 떠 있는 누각이라는 말로 공허한 문장이나 쓸데없는 의론, 진실성이나 현실성이 없는 일, 허무하게 사라지는 근거 없는 가공의 사물, 기초가 튼튼하지 못하여 무너지는 것 등을 비유한다. 또 공중에 뜬 누각은 매우 높아 사방을 조망할 수 있는 것처럼 명철한 사상과 통달을 비유하기도 한다.

空:빌 공, 中:가운데 중, 樓:다락 누, 閣:문설주 각

20
"등잔 밑이 어둡다"

—

燈下不明
(등하불명)

눈썹은 눈에 가장 가깝게 있어 잘 보일 것 같지만 실제로는 잘 보이지 않는다. 세상 일도 가까이 있어 눈에 익어버리면 잘 보이지 않는 법이다. 이를 두고 속담에 '등잔 밑이 어둡다'고 하였다. 가까이 있는 것이 도리어 알아내기 어려움을 이르는 말이다.

지금 20~30대 젊은 사람들 가운데는 등잔을 실제로 사용한 이가 드물 것이다. 낙도나 산이 깊은 오지나 모를까, 전기가 들어오지 않는 곳이 거의 없기 때문이다. 발전(發電)과 전기 관련 산업이 급속도로 발전하고 그에 맞춰 전화(電化)사업이 추진된 덕분에 전국민이 전기를 편리하게 사용한다. 지금 도시에서는 등잔을 보려면 민속박물관에나 가야 할 정도니 격세지감을 느낀다.

전기가 들어오지 않는 시절, 1960년대 대부분의 가정집에서는 호롱불이나 등잔불을 사용했다. 밤에 등잔불을 켜보면 가장 어두운 곳이 등잔밑이다. 그 등잔을 볼 때마다 어른들이 쓰는 속담, '등잔 밑이 어둡다' 가 항상 생각났다. 등잔불에 책을 보려면 글씨가 잘 안 보여 가까이 가면 더욱 어두워진다. 그런 아이들을 보면 어른들은 "등잔 밑이 어둡단다." 하시며 웃으셨다. 등잔 밑이 어둡다는 게 정확하게 어떤 의미인지 모르고 그 말부터 배운 셈이다. 머릿속으로 상상하여 배우지 않고 늘 생활 속에서 접하는 등잔을 두고 하는 이야기이니 절로 이해가 되고 체득이 된 것이다.

등잔 밑이 어둡다는 한자성어로 '燈下不明(등하불명)'이라 한다. 문자 그대로 '등잔 밑이 어둡다'는 뜻이다. 가까이 있는 것을 도리어 알기 어렵고 자신의 일은 자신이 가장 늦게 안다. 속된 말을 쓰자면 남편이 바람피우는 걸 다 아는데 그 부인만 모르는 격이다.

사람은 늘 삼가고 배려하는 마음으로 살아야 한다. 남은 다 보는데 나는 보지 못한 점을 가지고 있으니 말이다. 특히 책임 있는 자리에 있는 사람은 더욱 그러해야 한다. 그 영향력이 크기 때문이다. 등하불명은 『동언해(東諺解)』라는 책에 나오는 우리 속담이다.

燈:등잔 등, 下:아래 하, 不:아닐 불, 明:밝을 명

21

"꽃다운 이름, 후세에 길이 남겨야 하지 않겠나"

—

流芳百世

(유방백세)

나라가 혼란스러우면 왕의 외척이 발호한다. 왕이 단명하게 되고 이어 즉위한 왕이 어리기 때문에 왕의 외척들이 점차 실권을 잡게 되는 것이다. 수(隋) 문제도 원래는 북주(北周)의 명장으로 나중에 황제의 외조부로 황제의 자리를 양위 받아 수나라를 세웠다.

일찍이 동진의 명제(明帝)에게는 환온(312~373)이라는 사위가 있었다. 그는 여러 차례 북방 이민족을 평정하는 공을 세워 실권을 장악하게 되었다. 오랫동안 권력을 누리다 보니 다른 욕심이 생겼다. 스스로 황제가 되고 싶었다.

기회를 엿본 환온은 제위에 있던 사마혁(司馬奕)을 폐위시켜 동해왕(東海王)으로 삼고, 사마욱(司馬昱)을 간문제(簡文帝)로 옹립하였다. 그리고 스스로 황제가 되려는 야심을 드러냈다.

하지만 환온은 재상 사안(謝安, 320~385)의 저지로 뜻을 이루지 못했다. 그로 인해 마음의 병을 얻었는지 병사하고 말았다. 사안은 왕희지(王羲之)와 함께 활약한 인물.

환원은 권력욕과 함께 명예욕도 강했던 모양이다. 어느 날 그는 베개를 쓰다듬으며 이렇게 탄식했다.

"이미 꽃다운 이름을 후세에 전할 수 없다면, 더러운 이름인들 만세에 남길 수 있겠는가?(既不能流芳後世, 不足複遺臭萬載邪)"

流芳百世(유방백세)라는 말이 여기에서 유래하였다. '향기가 백년을 흐른다'는 뜻으로 훌륭한 명성이나 공적이 후대에 길이 전하여지는 것을 비유하는 고사성어다. 유방후세(流芳後世)라고 하고 줄여서 '유방'(流芳)이라 한다.

이 고사는 남조 송(宋) 유의경의 『세설신어(世說新語)』에 나온다. 더러운 이름이 후세에 오래도록 남아 있음을 비유하는 '유취만년'(遺臭萬年)이라는 고사성어도 여기서 유래하였다. 죽은 뒤 이름이 나는 게 무슨 소용이 있으랴만 이왕이면 향기 나는 이름을 남겨야 하지 않겠는가. 그것보다는 스스로 보아 후회없고 떳떳한 삶을 살아야 하리라.

유방백세와 비슷한 뜻으로 영수불후(永垂不朽), 명수청사(名垂靑史)가 있다. 영수불후는 영원히 전하여 않는다는 뜻으로 『위서(魏書)』고조기하(高祖紀下)에 나온다.

명수청사(名垂靑史)는 이름을 역사에 드리운다, 즉 역사에 길이 전한다는 뜻이다. 청사라 함은 종이가 없던 시절, 푸른 대나무에다 글을 썼기 때문에 청사(靑史)라 한다.

流:흐를 유, 芳:꽃다울 방, 百:일백 백, 世:세상 세

22
"문 앞에 참새를 잡는 그물을 친다"

—

門前雀羅
(문전작라)

식객(食客)이 많기로 유명한 이는 제(齊)나라 공자 맹상군(孟嘗君)이다. 맹상군은 설(薛)의 군후로 있으면서 제후의 빈객을 모으니 도망한 사람, 죄지은 사람에 이르기까지 모여 식객이 순식간에 3,000명이나 되었다.

세월이 지나 맹상군이 실각을 하고 봉지도 빼앗기게 되었다. 그러자 그 많던 식객들은 맹상군이 파면되는 것을 보고 다 가버렸다. 오직 풍환(馮驩)이 남아 맹상군의 재기를 도왔다. 맹상군이 다시 재상의 자리에 복귀하자 떠나갔던 식객들이 다시 오기 시작했다. 맹상군은 크게 화를 내며 "다시 나를 보려고 하는 자가 있으면 반드시 그 낯에 침을 뱉어 크게 욕보이겠다"고 했다. 풍환은 세상 인심은 원래 그런 것이니 선비를 원망하지 말고 예전과 같이 빈객을 대우하도록 권했다.

門前雀羅(문전작라)는 '문 앞에 참새를 잡는 그물을 친다'는 말로 권력자가 몰락하여 사람들이 발길을 끊어 새들이 모여들 정도로 한산하다는 것을 비유한 것이다. 이 말은 『사기(史記)』 급정열전(汲鄭列傳)에 나온다.

한무제(漢武帝) 때 급암과 정당시(鄭當時)는 당대의 이름난 협객으로 극히 겸손하고 빈객을 우대했다. 그래서 주위에 늘 빈객이 들끓었다. 그러나 두 사람 다 중도에서 파면당해 관직을 그만두자 가세가 빈한하여 문객은 곧 흩어져 버리고 말았다. 이 두 사람을 열전에 기록한 사마천은 다음과 같이 덧붙였다.

"급암과 정당시와 같은 현명한 이라도 권세가 있으면 빈객이 열배로 불어나고 세도가 없으면 그렇지 못한다. 그러니 보통 사람은 어떠하겠는가! 하규(下邽)의 책공(翟公) 한 말이 있다. 책공이 정위(廷尉)가 되자 빈객이 문을 가득 메웠다. 그가 벼슬에서 물러나자 대문 밖에 가히 참새를 잡는 그물을 쳐도 될 정도였다.(及廢門外可設雀羅) 책공이 다시 정위가 되자 빈객은 옛날과 같이 모여들려고 했다. 책공은 이에 문에 크게 써 붙였다. '한 명이 죽고 한 명이 살아 있으면 우정의 진심을 알게 되고, 한 명은 가난하고 한 명이 부유하게 되면 비로소 우정의 태도를 알게 되고, 한 명은 귀하게 되고 한 명이 천하게 되면 비로소 우정의 진심을 알게 된다' 급암과 정당시 역시 이와 같으니, 슬픈 일이다."

세상인심은 뜬구름 같으니 일희일비할 것이 아니로다. 줄서는 이가 많다고 웃을 일 아니다. 반대 뜻으로는 문전성시(門前成市)가 있다.

門 : 문 문, 前 : 앞 전, 雀 : 참새 작, 羅 : 새 그물 라

23

"권력자의 집으로 찾아오는 사람이 많다"

—

門前成市

(문전성시)

후한(後漢)의 애제(哀帝)때 정숭(鄭崇)이라는 상서복야(尙書僕射, 대신)
가 있었다. 젊은 애제는 정치를 외척에 맡기고 동현(董賢)이라는 미청
년을 사랑했다고 한다. 정숭은 애제가 동현을 총애하는 정도가 지나치
자 다른 중신들과 함께 누차에 간했으나 애제는 전혀 귀를 기울이지 않
았다.

오히려 그런 정숭을 점차 멀리한 애제는 간언을 하면 힐책을 하기에
이르렀다. 이에 정숭은 사직을 하고 싶었으나 병이 나서 그렇지도 못
했다. 그때를 노려 조창(趙昌)이라는 상서령이 애제에게 정숭을 모함
하였다.

"정숭은 왕실의 종친들과 자주 내통하고 있습니다. 아마도 무슨 음모
가 있을 듯합니다." 이렇게 상주하고 정숭을 처벌하라고 하였다.

애제는 정숭을 불러 질책을 했다.

"그대의 집 앞은 저자와 같다고 하더군. 그런데 임금은 못하게 하려고 하는 거요?(君門如市人, 何以欲禁切主上)"

그러자 정승은 이렇게 대답했다.

"신의 문 앞은 저자와 같으나 신의 마음은 물과 같습니다. 다시 한 번 조사해 주십시오."(臣門如市 而臣心如水 願得考覆)

이에 노한 애제는 정승을 옥에 가두었다. 이를 본 사례(司隷) 손보(孫寶)가 조창의 중상모략을 비난하고 정승을 변호했으나 애제는 손보마저 서인으로 강등시켰다. 정승은 마침내 옥사하고 말았다.

'門前成市(문전성시)'는 대문 앞이 저자를 이루었다는 뜻으로 권력자의 집을 찾아오는 방문객이 많음을 비유한다.

문전성시는 『전국책(戰國策)』에 나오는 '문정여시(門庭如市)'와 같은 뜻이다. 문정여시는 '뭇 신하가 간하러 들어와 문과 뜰이 저자와 같다'는 의미다. 문전성시는 권력자에게 찾아오는 사람이 많은 것을 의미한다. 또 높은 자리에 있어 아첨하러 오는 자를 불러들이는 자를 비방하는 데도 이 말이 쓰였다. 애제가 앞에서 한 말이 바로 그런 뜻이다.

문전성시를 이룬다고 자랑할 것 없다. 힘을 잃게 되면 금방 문전작라하게 된다.

門:문 문, 前:앞 전, 成:이룰 성, 市:저자 시

24
"시류에 흔들리지 않고 법도를 지켜 온전하게 처신한다"

—

明哲保身

(명철보신)

처신을 잘못하는 장관 등 고위 공무원이나 사회지도층을 보면 실망이 크다. 그같은 사람이 국가에 책임 있는 자리에 있다는 것에서도 그러하거니와 그러한 인물이 그 자리를 차지하도록 한 국민의 책임도 적지 않기 때문이다. 이럴 때 흔히 서양에서 들어온 '노블레스 오블리주(noblesse oblige : 사회 고위층 인사에게 요구되는 높은 수준의 도덕적 의무)'라는 말을 떠올린다.

동양에서는 '明哲保身(명철보신)'이라는 말이 있다. '성급하게 시류에 말려들지 않으며 매사에 법도를 지켜 온전하게 처신하는 태도'를 말한다. 明은 이치에 밝은 것을 말하며 哲은 사리에 분명함을 뜻한다. 保身은 도리에 어긋나지 않게 행동하며 자신을 온전히 보전한다는 의미다.

이 말은 『시경』 대아(大雅)의 증민편에 나온다. 주나라의 어진 재상인 중산보의 덕을 찬양한 '증민'편에서는 "밝고도 어질게 처신하여 스스로

의 몸가짐에 그르침이 없었다.(旣明且哲, 以保其身)"라고 하였다.

도리에 따라 일에 임하고 몸을 지키는 것으로 고래에 널리 사물의 이치에 통달하고 그 지혜에 따라 나아갈 곳과 물러날 곳을 분명히 한 성현들의 처세법을 말할 때 종종 '명철보신'이라는 표현을 썼다.

『서경』의 '열명' 편에서도 은나라 무정(武丁)을 성현으로 찬양하여 명철이라 하였다. 무정은 부왕의 3년상을 치르고도 정치에 대해서는 침묵을 유지한 채 신하들을 지켜만 보다가 후에 열(說)이라는 현신을 발탁하여 선정을 폈다는 인물이다. 또 당나라 때 유종원은 은나라의 기자(箕子)의 인덕을 찬양하며 『시경』을 인용하여 명철이라 하였다.

'명철보신'은 나중에 무사 안일로 자신만의 안전을 도모하는 처신을 비유하는 말로 쓰이게 되었다.

비슷한 뜻으로 결신자호(潔身自好)가 있다. 이는 『맹자』 만장(萬章)(상)에 나온다. "성인의 행동은 똑같지 않다. 어떤 사람은 임금을 멀리하고 어떤 사람은 임금을 가까이 한다. 어떤 사람은 조정을 떠나고 어떤 이는 조정을 떠나지 않는다. 하지만 이는 결국 자신을 깨끗이 하려는 데 뜻이 있을 따름이다.(歸 潔其身而已矣)"

결신자호는 자신을 깨끗하게 하고 시류에 합류하여 더러움에 합류하지 않는 것을 말한다. 또 시비에 휘말리기 두려워하여 자기가 좋아하는 것만 원하고 공공의 일에 관심을 두지 않는 것을 의미한다.

명철보신의 반대 뜻으로는 동류합오(同流合汚)가 있다.

明:맑을 명, 哲:밝을 철, 保:보존할 보, 身:몸 신

25
"세상의 풍속에 동조하여 더러운 것과 합류한다"

—

同流合汚

(동류합오)

만장(萬章)이 맹자(孟子)에게 물었다.

"한 고을에서 모두 후덕하고 믿을만한 사람이라고 한다면 어디를 가든 후덕하고 믿을 수 있는 사람이라고 하지 않을 수 없는데 공자(孔子)께서는 덕을 해치는 사람이라고 한 것은 무슨 까닭입니까?"

맹자가 대답했다.

"비난하려 하여도 들 것이 없으며 풍자하려 하여도 풍자할 것이 없기는 하다(非之無擧也 刺之無刺也). 하지만 세상의 흐름에 동조하고 세상의 더러운 것과도 합류하며(同乎流俗 合乎汚世) 살아가는 게 충실하고 믿음직한 것같으며(居之似忠信) 행실도 청렴하고 결백한 양하여 많은 사람들이 모두 좋아하고(行之似廉潔 衆皆悅之) 자기도 그런 것이 좋다고 여기기 때문에 함께 요순의 도로 들어 갈 수 없게 되니(自以爲是而不可與入堯舜之道) 그래서 덕을 손상하는 무리들이라고 하는 것이다(故曰德之賊也)."

『맹자』진심장구하(盡心章句下)에 나온다. 여기서 同流合汚(동류합오)라는 말이 나왔다. 同流는 세상의 풍속에 동조한다는 뜻이며 여기서는 나쁜 풍속을 가리킨다. 유속(流俗)은 풍속이 무너지는 것이 물이 아래로 흐름과 같아서 모든 사람이 그렇지 않음이 없는 것이다. 충신(忠信)이 아니면서 충신과 같고 염결(廉潔)이 아니면서 염결과 같은 것이다.

合汚는 세상의 더러운 것과 합류한다는 의미다. 따라서 同流合汚는 세속의 나쁜 풍속과 야합하여 정의를 외면하는 것을 비유한다.

고을에서 후덕하여 널리 존경받는 이들이 향원(鄕原)이다. 공자는 이처럼 향원을 싫어하였는데 그들은 이 눈치 저 눈치 보아가며 적당히 세류에 편승하여 지내는 사람들이기 때문이다. 그러면서 세상의 존경을 받으며 살아가는 위인이다. 챙길 것 다 챙기며 겉으로는 깨끗한 척하여 세상의 존경까지 받는다. 그러므로 선한 것을 좋아하고 악한 것을 미워하는 쪽에서 보면 향원은 덕(德)의 적이 되는 것이다.

맹자는 이어서 공자가 말한 '사이비(似而非)', 곧 같아 보이면서도 실제는 가짜인 것에 관해 말함으로써 '동류합오'하는 사람이 바로 사이비임을 지적하였다.

同 : 한가지 동, 流 : 흐를 류, 合 : 합할 합, 汚 : 더러울 오

26
"같으나 결코 같은 게 아니다"

—

似而非
(사이비)

가짜, 짝퉁이 판치는 세상. 상표가 널리 알려진 상품을 모방한 위조 상품이 해마다 쏟아진다. 진품은 너무 비싸 짝퉁으로라도 멋을 내보려는 것인가. 아무리 진짜같이 만들어도 가짜는 가짜다. 사이비는 사이비이다. 비슷하지만 진짜가 아닌 것, 이것이 사이비이다.

似而非(사이비)는 『맹자』 진심장구 〈하〉에 나온다.

"공자께서는 사이비(似而非)한 자를 미워한다. 가라지는 잡초이나 벼의 모와 비슷하다. 이로 인해 한층 방해가 된다."

공자는 말 잘하는 이를 미워했다. 말을 잘하는 이를 미워하는 것은 정의를 혼란하게 하기 때문이다. 말 잘하는 사람치고 꾸미지 않는 이가 없다. 그렇게 꾸미면 진실과는 멀어진다. 따라서 말로써 말을 어지럽히는 거다. 그런 자를 경계할 지어다.

그 뒤에 나오는 내용은 이렇다. 공자가 정(鄭)나라 음악을 미워하는 것은 그것이 아악과 비슷해서 올바른 음악을 혼란시키기 때문이었다. 마찬가지로 향원(鄕原)을 미워하는 것은 덕을 어지럽히기 때문이다. 이를 공자는 다음과 같이 경계하였다.

"군자란 도덕의 근본 이치를 되풀이하여 실천할 따름이다. 세상에 아첨하는 법은 없다. 올바른 길을 행하면 백성들도 따라 온다. 그렇게 되면 세상의 사악함도 없어질 것이다."

옛날에는 사람들이 서로 잘 알았다. 같은 동네에 살고 신분이 같은 이들만 서로 어울렸기 때문이다. 그래서 겉을 보지 않아도 그 사람됨을 알았다. 하지만 지금은 어떤가.

도시 사람들은 이웃에 누가 사는지를 모른다. 알려고도 하지 않는다. 그러니 서로 믿지 못한다. 그래서 그 사람의 깊은 속보다는 겉으로 드러난 것을 중시한다. 고향이 어디고, 어느 학교를 나왔고 어떤 집에 살고 어떤 차를 몰고 다니는지를 점점 중요하게 보는 것이다.

이를 이용하여 그럴 듯하게 꾸미는 자들이 판을 친다. 전부 사이비들이다. 사이비가 판치는 세상이 되면 진짜가 사이비 취급을 받는다. 덩달아 불신 풍조가 만연한다.

似:같을 사, 而:말 이을 이, 非:아닐 비

27
"아무리 말해도 반응이 없다"

—

馬耳東風
(마이동풍)

요즘은 일방적인 의사소통이 아니라 '쌍방향'이 중요하다. 소비자를 무시한 상품개발은 기업을 도산으로 이끌고 국민을 무시한 정부는 선거에서 패배하기 마련이다. 자녀 교육에서도 부모의 일방적인 욕심이 통하지 않는 세상이 되었다.

옛 사람들도 쌍방향 의사소통을 중시했다. 군주에게 어진 신하의 의견을 경청하라고 자주 간언했다. 간언을 달게 받아들인 이들은 성군이 되고 세상은 태평성대가 되었다. 간언을 무시하거나 고깝게 받아들이면 폭군이 되고 머지않아 군주의 자리에서 쫓겨난다.

다른 사람의 의견이나 충고 등을 무시하고 전혀 상대하지 않는 이가 있을 때 흔히 '馬耳東風(마이동풍)'이라 한다. '말의 귀에 스치는 동풍'이란 뜻으로 바람이 불든 말든 말은 아무 상관을 하지 않는 것처럼 이쪽에서 아무리 떠들어도 상대는 아무런 반응을 하지 않거나 고집을 꺾지 않는 경우를 가리킨다. 우리 속담에 '쇠귀에 경 읽기(牛耳讀經)'라는 말이 있는데 그것과 같다.

馬耳東風은 이백(李白)의 시(詩) 「답왕십이한야독작유회(答王十二寒夜獨酌有懷, '왕십이의 한야에 독작하고 회포에 잠긴다'에 답한다)」에 나온다. 왕십이가 일찍이 이백에서 시를 써서 보냈는데 그 시를 읽고 이백이 답을 보낸 것이다.

이백의 이 시는 당(唐) 현종 천보(天寶) 8년 무렵에 지은 것으로 추정되는데 당시 이백은 수도 장안(長安)을 떠난 지 5년이 지난 때라 현실에 관한 불만 불평에서 어느 정도 벗어난 듯하다. 이백은 세태에 달관한 듯하면서도 여전히 우국충정을 지니고 있다.

시에서 이백은 "우리는 북쪽 창에 기대어 시를 읊거나 부를 짓는데, 그러나 그것이 걸작이라도 지금 세상에는 물 한 잔만한 가치도 없다.(吟詩作賦北窓里/萬言不値一杯水) 아니, 세인들은 그것을 듣고 고개를 흔들며 동풍이 말의 귀를 스치는 정도로밖에 생각하지 않는다.(世人聞此皆掉頭/有如東風射馬耳)"고 하였다.

"동풍이 말의 귀를 스치는 것과 같이 한다(有如東風射馬耳)"고 한 것에서 마이동풍이라는 말이 나왔다.

동풍(東風)은 동쪽에서 부는 따뜻한 바람이니 춘풍(春風)을 의미한다. 사람들은 춘풍이 불면 추운 겨울이 가고 따뜻한 봄이 온다며 기뻐한다. 하지만 말은 그런 걸 모르니 동풍이 귀에 스쳐도 아무런 느낌이 없다. 그처럼 다른 사람의 의견이나 충고를 들으려고 하지 않고 마음에 두지도 않는 것을 마이동풍이라 한다.

자기 주장만 내세우고 남이 하는 말에는 마이동풍 하는 이들이 많다.

국제 관계에서도 이를 보는데 일본의 우익들이 그렇다. 쌍방향 의사소통이 리더십에 중요한 자질로 등장한 요즘, 여론을 무시하고 마이동풍으로 대한다면 어찌 위태롭지 않겠는가. 대세를 거스르는 셈이니.

　마이동풍과 비슷한 말로는 무동어충(無動於衷)이 있다. 마음 속에 움직임이 없다는 뜻으로 터럭만큼도 관심을 두지 않는다는 것을 의미한다.

　　　　　　　　　馬:말 마, 耳:귀 이, 東:동녘 동, 風:바람 풍

28
"섶에 누워 자고 쓴 쓸개를 핥는다"

—

臥薪嘗膽

(와신상담)

서기전 496년 춘추전국시대 오(吳)나라 왕 합려(闔閭)는 월(越)나라를 공격했다. 하지만 월나라 군대에 습격당하여 패하면서 오왕 합려는 화살에 맞아 중상을 입었다. 합려는 죽기에 앞서 아들 부차(夫差)를 불러 "월나라를 잊지 말라"고 당부했다.

기원전 495년 월왕(越王) 구천(句踐)은 오왕(吳王) 합려(闔閭)와 싸워 크게 이겼다. 적의 화살에 맞은 합려는 상처가 악화되어 죽었다. 임종 때 그는 태자 부차(夫差)에게 복수를 유언하였다.

부왕의 뒤를 이어 오왕이 된 부차는 부친의 원수를 어떻게든 갚겠다고 굳게 결심하고 밤마다 땔감나무 위에서 자며(臥薪) 마음을 다졌다. 또 어전을 출입하는 신하들에게 부친의 유명을 크게 말하게 했다.

"부차여! 네 아비를 죽인 자는 월왕 구천임을 잊지 말라!"

"예, 결코 잊지 않겠습니다."

부차가 밤낮으로 군대를 훈련하여 월나라에 복수하려 한다는 것을 듣고 월왕 구천이 선수를 쳐 공격을 했으나 대패하여 회계산(會稽山)에서 포위되었다. 이에 구천은 눈물을 머금고 "구천은 신하가 되고 처는 첩이 되기를 청합니다."하며 항복했다.

부차가 사면해주자 월나라로 돌아온 구천은 일부러 몸을 고통스럽게 하는데 자리 옆에 쓸개를 놓고 앉거나 눕거나 이를 쳐다보며 음식을 먹을 때도 이것을 핥곤했다. 스스로에게 말하기를 "너는 회계산의 치욕을 잊었느냐."라고 하였다.

스스로 밭을 갈고 부인은 길쌈을 하며 고기를 먹지 않고 의복은 두 겹 이상의 옷을 입지 않았다. 자세를 낮추어 어진 이를 공경하고 손님을 후하게 대접하며 가난한 사람을 돕고 죽은 자를 애도하며 백성과 함께 수고를 같이 했다.

이렇게 힘을 기른 월나라는 오나라 부차가 중원을 차지하기 위해 수도를 비운 사이 쳐들어가 크게 이기고 다시 4년 후에 오나라를 공격하여 마침내 부차를 고소산에 가두어 자살하게 하였다. 『사기(史記)』「월구천세가(越王句踐世家)」에 나오는 이야기다.

『오월춘추(吳越春秋)』「구천귀국외전(句踐歸國外傳)」에는 "월왕 구천이 오나라에 원수 갚는 것을 생각한 것이 하루 이틀이 아니었다. 밤낮을 고통스럽게 지냈다. 눈으로는 가시덩쿨을 보며 그 위에 누워 지내고(目臥 則攻之以蓼) 발은 찬물에 젖게 하였다.(足寒則漬之以水) 겨울에는 항상 얼음을 품고 여름에는 불을 둘러안았다.(冬常抱氷, 夏還握火) 고심하고 또 고심하여 문에 쓸개를 달아 놓고 드나들 때마다 그것을 맛보며 입에서 떼지를 않았다.(愁心苦志 懸膽於戶 出入嘗之, 不絶於口)"라고 했다.

여기서 와신상담(臥薪嘗膽)이라는 고사성어가 나왔다. 불편한 섶에 몸을 눕히고 쓸개를 맛본다는 뜻으로 원수를 갚거나 마음먹은 일을 이루기 위하여 온갖 어려움과 괴로움을 참고 견디는 것을 비유한다.

비슷한 뜻으로 "일을 이루려고 끼니조차 잊고 분발(奮發) 노력하다"는 '발분망식'(發憤忘食, 『논어』술이편). 또 날이 채 밝기 전에 옷을 입고 해가 진 후에 저녁밥을 먹는다는 소의한식(宵衣旰食)도 비슷한 뜻이다.

뜻한 바를 마음에 두고 와신상담한다면 이루어지는 일이 많을 것이다.

臥 : 누울 와, 薪 : 섶나무 신, 嘗 : 맛볼 상, 膽 : 슬개 담

29
"원수끼리라도 같은 배를 탔다면 서로 도와야 한다"

—

吳越同舟
(오월동주)

춘추전국시대 중국 강남에서는 오나라와 월나라가 서로 패권을 차지하기 위해 각축을 했다. 자주 전쟁을 하다 보니 국민들도 서로 미워하고 원수로 지냈다. 이런 사람들이 풍랑이 거센 바다 위에서 한 배에 타면 어떻게 될까. 그 배에서도 서로 싸우다 배가 뒤집혀 모두 죽을 것인가. 이런 상황을 전제하여 전법을 세운 이가 있다. 손자(孫子)라고 널리 알려진 손무(孫武)다.

손무는 춘추시대 오왕(吳王) 합려(闔廬)의 신하로 초(楚)나라를 쳐서 수도를 함락하고 북방의 제(齊), 진(晉)을 쳤던 명장이다. 이설도 있지만 그가 썼다고 하는 『손자병법』은 지금도 유용한 내용이 적지 않으며 전쟁뿐만 아니라 경영에도 활용되고 있다.

손자는 제11편 구지(九地)라는 편에서 '군사를 쓰는 아홉 가지 지(地)', 그러니까 아홉 가지 상황을 논했다. 그 구지의 마지막이 '사지(死地)'인데 이는 싸우면 살 길이 있으나 어영부영하면 망해버리는 필사의 지이다. 이런 상황이 되면 곧바로 싸워야 한다고 손자를 말한다. 사지에 놓이게 되면 병사들은 필사적으로 싸워 활로를 연다는 게 손자의 생각이다. 하지만 마음을 하나로 모으고 힘을 합치는 게 중요하다. 지휘관은 어떻게 하면 병사들이 하나가 되어 필사적으로 싸우게 할 것인가에 대해 손자는 자세히 설명한다.

손자는 서로 미워하고 잡아 죽이는 사이인 오나라 사람과 월나라 사람이 거친 바다에서 한 배에 탔을 때를 가정하였다. 원수끼리 공동 운명에 처해 서로 협력하지 않으면 안 되는 미묘한 상황이다. 이럴 때는 우선 각자 개인적인 원한은 잊고 마음을 합쳐 사지에서 탈출하려고 하는 게 인지상정이다.

손자는 "오나라 사람과 월나라 사람이 서로 미워한다. 하지만 함께 배를 타고 가다 바람이 거세게 일어 배가 뒤집힐 것 같이 되면 오인(吳人)도 월인(越人)도 마치 왼손과 오른손이 하듯 서로 구해준다(夫吳人與越人相惡也, 當其同舟而濟, 遇風, 其相救也如左右手)"고 하였다. 여기서 '吳越同舟(오월동주)'라는 말이 나왔다. 이 말은 서로 적대 관계에 있는 사람들이 협력하여야 하는 경우에 쓰인다. 상호협력, 합심협력 등을 의미한다. 또한 사이가 좋지 않은 사람들이 한자리에 있게 된 경우에도 비유적으로 쓰인다. 요새 자주 쓰는 '적과의 동침'과도 일맥 통하는 바가 있는 말이다. 여기서 또 동주공제(同舟共濟)라는 말도 나왔다.

吳 : 오나라 오, 越 : 월나라 월, 同 : 한가지 동, 舟 : 배 주

30
"병아리와 어미닭이 안팎에서 서로 쪼아야 한다"

—

啐啄同機
(줄탁동기)

달걀에 관한 우스갯말 가운데 이런 게 있다. "달걀이 안에서 스스로 깨고 나오면 병아리가 되지만 밖에서 깨면 계란후라이가 된다." 그냥 웃고 넘기기에는 시사하는 바가 적지 않다.

이런 내용은 기실 수백 년 전에도 있었다. '줄탁동기(啐啄同機)'라는 말이 그것이다. 중국 민간에서 쓰던 말이 송(宋)나라 때 『벽암록(碧巖錄)』제16칙에 공안으로 등장하면서 불가의 중요한 화두가 되었다. 『벽암록』은 임제종(臨濟宗)의 공안집(公案集)이자 선종(禪宗)의 대표적인 불서(佛書).

농촌에서 병아리를 부화할 적에 보면 어미닭이 품고 있던 알에서 나는 소리를 듣고 부리로 껍질을 쪼아준다. 줄탁동기는 이때를 의미하는 말로 흔히 '줄탁동시'(啐啄同時)라고 쓴다.

북송(北宋) 장군방(張君房, 생몰연대 미상)의 『운급칠첨(雲笈七籤)』56권에 "땅을 체로 하고 하늘을 법으로 하고 음을 지고 양을 안으니 비유하면 오이가 익으면 꼭지가 떨어지고 병아리가 쪼면 동시에 어미닭이 쪼는 것이다.(體地法天, 負陰抱陽 喩瓜熟蒂落, 啐啄同時)”라는 구절이 있다. 여기서 줄탁동시가 나왔다.

줄(啐)은 다 자란 병아리가 밖으로 나오려고 알껍질을 쪼는 것이요, 탁(啄)은 어미닭이 알을 쪼는 것을 가리킨다. 이 줄탁은 동시에 이루어져야 한다. 빨라도 안 되고 늦어도 안 된다.

무슨 일이든 혼자서 하는 것은 어렵고 스승의 도움이 있어야 한다는 것을 의미한다. 또 도와주는 것도 때가 있는 법이니 때를 놓치면 헛일이라는 가르침도 담겨있다. 그리고 중요한 것은 병아리와 어미닭이 동시에 알껍질을 쪼기는 하지만 어미닭이 병아리를 세상 밖으로 나오게 하는 것은 아니다. 결국 알을 깨고 나오는 것은 병아리 자신이다. 이런 점에서 줄탁동기는 스승과 제자의 바람직한 관계를 설명하는 말로 널리 쓰인다.

비슷한 뜻으로 한 마음으로 협력하다는 동심협력(同心協力)이 있다. 반대 뜻으로는 (同床異夢), 이심이덕(離心離德)이 있다.

이심이덕(離心離德)은 『서경』 태서중(泰誓中)에 나오는 “(상나라 임금) 수(受)는 억조의 평범한 사람들을 거느리고 있으나 마음이 떨어지고 덕에서 떠났다. 나는 다스리는 신하 열 사람이 있으나 마음이 같고 덕이 같다(受有億兆夷人, 離心離德. 予有亂臣十人, 同心同德)”에서 나왔다. 이심이덕은 마음이 같지 않고 신념이 같지 않음을 의미한다.

啐:쪼을 줄, 啄:쫄 탁, 同:같을 동, 機:기회 기

31
"같은 자리에 자면서도 다른 꿈을 꾼다"

—

同床異夢
(동상이몽)

중송(宋)나라 효종(孝宗)때 학자인 진량(陳亮, 1143~1194)은 자가 동보(同甫)인데 기사(奇士)로 학자들이 용천선생(龍川先生)이라 불렀다. 가슴에 웅대한 계책을 품었으나 세상이 받아들이지 않아 몇 번이나 하옥되었다가 겨우 풀려나곤 하였다. 재기가 뛰어나 병법을 담론하기 좋아하였으며 일찍이 옛 사람이 무력을 사용한 것과 승리하고 패배한 사적을 상고하여 '작고론(酌古論)'을 저술하기도 했다.

송대에 국가정책, 국방, 재정, 민생 등 사회 · 정치 문제를 주로 논구했던 사공파(事功派)는 심성을 중시한 내면 · 철학적 경향을 대표하는 주자학(朱子學), 육학(陸學) 등과는 대립하였다. 사공파 중에서도 영강학파(永康學派)의 대표였던 진량은 주희(朱熹, 1130~1200)를 사숙하는 등 주자의 영향을 받으면서도 특히 주희의 정치 · 역사관을 드러내놓고 비판했다.

그는 주희와 황제 왕패(皇帝王覇), 즉 왕도와 패도에 관한 논쟁을 벌였는데 주희가 동의하지는 않았지만 또한 그의 뜻을 빼앗지 못했다는 일화가 전해 온다. 이것이 '왕패 논쟁'으로 유명하다. 하지만 서로 존중한 듯하다. 주희가 사당(祠堂)을 담당하는 직책을 맡아 외직으로 좌천되어 나가게 되었을 적에 진량은 중서사인(中書舍人)으로서 발령장을 쓰지 않다가 끝내 함께 파직되었다

한 번은 진량이 제갈공명(諸葛孔明)이 무릎을 안고 긴소리로 읊조리던 일을 아주 사모하여 '누대 염막(樓臺簾幕)'이라는 시를 지었다. 이를 두고 주희가 그것을 기롱하였던 모양이다. 진량은 주희에서 편지를 보낸다. '주원회께 보내는 글(與朱元晦書)'이 그것이다. 元晦는 주희의 자(字). 그 글 중에 이런 내용이 나온다.

"같은 침상에서 자도 각자 꿈을 꾼다고 주공도 또한 배워서 얻지 못한 게 어찌 반드시 하나이겠습니까(同牀各做夢 周公且不學得何必一)?"

여기서 同床異夢(동상이몽)이라는 말이 나왔다. 같은 자리에 자면서 다른 꿈을 꾼다는 뜻으로, 겉으로는 같이 행동하면서도 속으로는 각각 딴생각을 하는 것을 비유한다. 같은 입장, 같은 일을 하면서도 의견이나 목표가 각각 다른 것을 비유한다. 다른 처지, 적대적인 관계에 있지만 의견이나 목표가 같은 것을 비유하는 吳越同舟(오월동주)와는 반대가 되고, 同牀各夢(동상각몽)이라고도 한다. 同牀을 同床으로 쓰기도 한다.

同 : 한가지 동, 牀 : 평상 상, 異 : 다를 이, 夢 : 꿈 몽

32
"몹시 마음을 쓰며 애를 태우다"

—

勞心焦思

(노심초사)

중국 요(堯) 임금 때 홍수가 하늘까지 흘러넘쳐 백성들이 매우 근심하였다. 요 임금이 치수에 능한 자를 구하자 여러 신하들이 곤을 추천했다. 요 임금은 곤이 명을 어기고 종족에게 해를 입혀 등용하지 않으려 했으나 신하들이 거듭 요청해 곤을 치수에 등용했다. 하지만 9년 동안 홍수가 끊이지 않고 곤은 성공하지 못했다. 이때 요 임금은 천하의 사업을 계승할 인물로 순(舜)을 얻었다. 순은 각지를 순찰하여 곤이 치수에 공적이 없음을 알고 추방하여 죽게 만들었다.

요 임금이 죽은 후 순 임금이 치수에 적임자를 찾자 모두 곤의 아들 우(禹)를 추천했다. 그 건의를 받아 순 임금은 우에게 치수를 맡겼다.

우는 총명하고 의욕이 넘치고 매우 부지런하였다. 우는 부친이 치수 사업에 실패하여 처벌을 받은 것을 슬퍼하여 노심초사 부지런히 일하느라 밖에서 13년을 지내면서도 자기 집 대문 앞을 지나가며 감히 들어

갈 수 없었다(禹傷先人父鯀 功之不成受誅, 乃勞身焦思, 居外十三年, 過家門 不敢入). 그는 입고 먹는 것을 절약하여 귀신에게 효를 다하였으며 누추 한 집에서 살면서 절약한 비용을 치수사업에 사용하였다.

『사기』하본기(夏本紀)에 나오는 이야기다. 여기서 노심초사(勞心焦 思)가 나왔다. 몹시 마음을 쓰며 애를 태우다는 뜻이다. 초심노사(焦心 勞思)라도 한다.

초사(焦思)라는 말은『사기』월구천세가에도 나오는데 오 부차가 구 천을 사면해주자 "월왕 구천은 월나라로 돌아와 고통을 받으며 고심을 하는데 자리 옆에 쓸개를 놓고 앉거나 누워있거나 이를 쳐다보고 음식 을 먹을 때에 이것을 핥곤 했다(越王 句踐反國, 乃苦身焦思, 置膽於坐, 坐 臥即仰膽, 飲食亦嘗膽也)."라고 하였다.

당(唐)나라 때 두보(杜甫)는 '억석이수'(憶昔二首 : 옛 일을 추억하며)의 제1수에서 간신들이 득세하여 정치를 문란하게 하는 것을 보고 "지금의 황상을 아직도 어지럽게 만들어 노심초사하며 사방을 땜질하는 지경에 이르렀다(至今今上猶撥亂, 勞心焦思補四方)"고 하였다.

목표를 이룰 때는 어떻게 도달할까 노심초사하며 목표만 바라보아야 한다. 뒤로 물러날 생각을 하면 목표에서 멀어진다.

勞 : 근심할 노, 心 : 마음 심, 焦 : 애탈 초, 思 : 생각 사

33

"서시의 찡그린 눈"

—

西施嚬目

(서시빈목)

오왕 부차에게 져서 회계산에서 오나라에 항복한 월(越)나라 구천(句踐)은 귀국하자 짐승의 쓸개를 달아놓고 이것을 핥으며 복수를 맹세했다. 구천은 나라 안 정치는 대부 종(種)에게 맡기고 범려(范蠡)와 더불어 오로지 오나라를 격파할 일에만 몰두했다. 구천은 부차의 방심을 꾀하기 위해 아름다운 여인들을 부차에게 보냈다. 그 가운데 가장 뛰어난 절세의 미녀가 있었으니 서시(西施)이다. 과연 부차는 서시에 푹 빠져 끝내는 월나라에 패해 자살하고 말았다. 그후 서시는 범려에게 돌아와 함께 오호(五湖)를 건너갔다고 전한다.

이 서시에게는 이런 이야기가 있다. 서시가 가슴을 앓아 눈살을 찌푸리고 있었다. 그 마을의 어떤 추녀가 그 모습을 아름답게 생각하여 돌아오자 역시 가슴에 손을 얹고 이맛살을 찌푸렸다. 마을의 부자(富者)가 그 모습을 보고 문을 굳게 잠그고 밖으로 나가지 않게 되었고 가난한 사람들은 그를 보고는 처자를 이끌고 마을에서 모두 도망쳐버렸다. 추녀는 서시가 이마를 찌푸린 모양이 아름다운 줄 알았으나 이맛살을 찌푸리면 어째서 아름다운 줄을 알지 못했다.

이 이야기는 『장자(莊子)』 천운편(天運篇)에 나온다. 여기서 西施嚬目(서시빈목)이라는 성어가 나왔다. 서시의 찡그린 눈이라는 뜻으로 옳고 그름과 착하고 악함을 생각하지 않고 함부로 남의 흉내를 내는 것을 비유한다. 西施效嚬(서시효빈), 西施捧心(서시봉심)이라고 하며 줄여서 效嚬(효빈)이라고도 한다. 쓸데없이 남의 흉내를 내어 세상의 웃음거리가 되는 것을 비유한다. 또 남의 단점을 장점인줄 알고 무작정 따를 때도 쓴다.

『장자』에서는 노(魯)나라의 악사장(樂師長)인 사금(師金)이 공자 제자 안연(顔淵)에게 말하는 것으로 되어 있다. 사금은 안연에게 현재 공자가 하는 것은 이 추녀와 마찬가지니 애석하지만 머지않아 곤경에 처할 것이라고 했다. 장자는 사금의 입을 빌려 공자의 덕치주의를 터무니없는 것으로 비판한 것이다. 신하가 임금을 죽이고 아들이 아버지는 죽이는 난세에 그 옛날 주(周) 왕조의 이상 정치(理想政治)를 노(魯)나라나 위(衛) 나라에다 실현해보려고 하는 시도는 가당치도 않다는 것이다. 시대의 변천에 따라 제도나 도덕도 변해야 한다는 장자의 입장을 잘 드러낸 부분이다.

西 : 서녘 서, 施 : 베풀 시, 嚬 : 찡그릴 빈, 目 : 눈 목

34
"도주공의 부"

—

陶朱之富
(도주지부)

월왕(越王) 구천(句踐)이 회계산에서 오(吳)나라에 항복하는 굴욕을 당한 후 범여와 더불어 복수할 계책을 짰다. 구천이 범여의 말을 들은 지 10년, 나라가 부강해져 병사들에게 후하게 상을 주었다. 드디어 강한 오나라를 쳐서 항복을 받아 복수를 하고 구천은 '오패(五覇)'가 되었다. 그러자 범여는 떠날 준비를 했다.

"가능한 계책이 일곱 가지였는데 월나라는 그 다섯을 써서 뜻을 이루었다. 이미 나라에서 베풀었으니 나는 이를 집에서 쓰려 한다."

범여는 조각배를 타고 강호로 떠났다. 이름과 성을 바꾸어 제나라로 가서 치이자피라 부르고 도(陶 : 지금의 중국 산동성 정도현)에 가서는 주공(朱公)이라 하였다. 주공은 "도 지역은 천하의 중앙으로 사방 여러 나라로 통하여 물화의 교역을 할 곳이다."라고 생각하고 이에 상업을 경영하고 물자를 축적하였다. 시세의 변동에 따라서 이를 팔아서 이익을 거두었고, 남을 괴롭히는 일은 하지 않았다.

19년 동안 세 번 천금(千金)을 벌었고 두 번은 재산을 헐어서 가난한 벗과 소원한 형제들에게 다 나눠 주었으며, 후년에는 나이가 들어 자손에게 맡겼는데 자손이 업을 닦고 이것을 늘려서 드디어 거만(巨萬)에 이르렀다. 그러므로 부를 말하는 자는 모두 도주공(陶朱公)이라 일컫는다. 그는 "부자이면서 덕을 행하기를 좋아하였다.(富好行其德)"는 아름다운 이름을 얻었다. 『사기』 화식열전(貨殖列傳)에 나오는 이야기로 陶朱之富(도주지부)라는 말이 나왔는데 '도주공의 부'라는 뜻으로 수억만 대의 큰 부를 말한다.

범여는 원래는 초(楚)나라의 평민이었으나 나중에는 대정치가며 경영인이자 대자선가가 되었다. 월왕 구천에 발탁되어 대신이 되었고 오나라에 복수를 한 후에 구천이 상장군에 임명했으나 높은 벼슬과 녹을 마다하고 월나라를 떠나갔다. 구천이 "고난은 함께할 수 있으나 편안함을 함께할 수 없는 사람"임을 알았기 때문이다.

사마천(司馬遷)은 범여가 월나라, 제나라, 도 땅으로 생활공간을 바꾼 것을 '삼사(三徙)', '삼천(三遷)'이라 하였다. 월나라를 구하고 오나라에 항거하여 정치 · 군사지략을 실현하고 관직을 버리고 월나라를 떠남으로써 삶의 지혜를 보였고, 치산치부로 경영재능을 꽃피웠다. 이를 두고 사마천은 "범여는 세번 이사하여 천하에 이름을 떨쳤다."고 하였다. 범려는 중국 역사상 10대 부자로 꼽히는데, 큰 부를 이루어 자선사업에 쏟은 그의 행적을 보면 높이 평가할 만하다.

陶:질그릇 도, 朱:붉을 주, 之:어조사 지, 富:부유할 부

35

"백 리를 가는 자는 구십 리를 반으로 삼는다"

—

行百里者 半於九十里

(행백리자 반어구십리)

전국시대 진(秦)의 무공(武公)시절, 진은 제(齊)나라와 더불어 강국이 되었다. 그러자 무공은 은근히 거만해졌다. 어떤 사람이 무공에게 이를 간하였다.

"지금 전하께서는 의양(宜陽)을 격파하고 한나라의 땅을 짓밟으면서 천하의 선비에게는 한 마디의 말도 하지 못하게 하고 천하의 나라들과의 국교는 끊어졌습니다. 이렇게 간다면 유종의 미를 거두기 힘듭니다. 전하가 여기서 유종의 미를 거둘 수가 없게 되고 후환이 생기게 된다면 오나라의 왕 부차(夫差)나 지백(智伯)과 같은 처지에 빠지지나 않을까 두려워합니다."

오왕 부차는 월나라와 싸워 처음 이기자 교만해졌다. 그 후 월나라에 져 자살을 하고 말았다. 부차나 지백은 처음에는 잘했으나 나중에는 잘못된 대표적인 군주다. 진의 무공이 지금 부차나 지백의 길을 걷고 있음을 우려해 이 같은 말을 한 것이다.

신하는 덧붙여 이렇게 간한다.

"시(詩)에 '백리의 길을 가는 자는 90리의 지점을 그 반으로 본다'(行百里者 半於九十里)고 합니다. 지금 전하께서는 어느 경우를 보나 교만한 빛이 있습니다. 소신이 생각하는 바로는 천하의 패업(覇業)은 세상의 군후(君侯)들의 마음에 달려있습니다."

백 리의 절반은 오십 리나 이것은 숫자적인 것이고 먼 길을 갈 때 힘든 것으로 말한다면 처음 50리와 나중의 50리는 비교가 되지 않는다. 그렇기 때문에 마음속으로 90리를 절반으로 생각하고 마지막 10리에 힘을 쏟아야 한다는 것이다. 이것은 길을 가든 일을 하든 끝이 어려우니 시작 못지않게 끝을 중시해야 한다는 뜻이다. 이 이야기는 『전국책(戰國策)』 진책(秦策)에 나온다.

계획했던 일이 예상했던 것보다 순조롭게 진행될 때 방심하기 쉽다. 하지만 결과는 끝까지 가봐야 안다. 야구는 9회말 투 아웃부터라고 하지 않은가. 정상에 올라가는 것보다 내려오는 일이 더 어렵다. 무슨 일이든 잘 마무리하려면 '90리를 절반으로 삼는 마음'이 있어야 하겠다.

行 : 갈 행, 百 : 일백 백, 里 : 리 리, 者 : 놈 자,
半 : 반 반, 於 : 어조사 어, 九 : 아홉 구, 十 : 열 십

36
"하찮은 사내의 용기"

—

匹夫之勇

(필부지용)

제나라 선왕(宣王)이 맹자(孟子)에게 물었다.

"이웃 나라와 국교(國交)를 하는 데에 방법이 있습니까?"

"있지요. 인자(仁者)라야 큰 나라가 작은 나라를 섬길 수 있습니다. 그러므로 은(殷)의 탕왕이 갈나라를 섬겼고 문왕이 곤이를 섬겼지요. 지자(智者)라야 작은 나라로서 큰 나라를 섬길 수 있습니다. 그러므로 대왕이 훈육을 섬겼고 구천이 오나라를 섬겼습니다.

큰 나라로서 작은 나라를 섬기는 것은 하늘의 뜻을 즐기는 것이요, 작은 나라로서 큰 나라를 섬기는 것은 하늘의 뜻을 두려워하는 것입니다. 하늘의 뜻을 즐기면 천하를 차지할 것이요, 하늘의 뜻을 두려워하면 제 나라를 보존할 것입니다."

듣고 보니 모두 맞는 말인지라, 제선왕은 "당연한 말씀이오, 옳은 말입니다"하고 대답을 했다. 그렇지만 이렇게 섬기고만 있으면 언제 천하를 호령해 볼 것인가. 제선왕은 잼처 물었다.

"그런데 과인이 걱정하는 게 있는데 무용(武勇)을 좋아하오."

"왕이시여, 작은 용맹을 좋아하지 마시오. 칼을 만지며 눈을 부릅뜨고 너 따위는 나를 당할 수 없다는 듯이 하나 그것은 필부의 용기 — 기껏해야 한 사람만 상대할 뿐입니다(此匹夫之勇 適一人者也). 청컨대 왕이시여, 큰 용기를 가지십시오." 그리고 덧붙였다.

"문왕이 한 번 화를 내시매 천하의 백성들이 안정을 얻었습니다. 무왕이 또한 한 번 화를 내시매 천하의 백성들이 안정을 얻었습니다. 이제 왕께서 또 한 번 화를 내시어 천하의 백성들이 안정을 얻게 된다면 백성들은 오히려 왕께서 무용을 안 좋아할까, 두려워할 것입니다."

이는 『맹자』 양혜왕하에 나온다. 여기서 필부지용(匹夫之勇)이란 말이 나왔다.

『사기』 회음후열전에 한신(韓信)이 항우(項羽)를 평하여 이렇게 말한다.

"항왕(項王 : 항우)이 큰 소리로 호령하면 천 사람이 모두 놀랍니다. 그러나 그는 어진 장수를 믿고 일을 맡기지 못 합니다. 그러니 그것은 필부의 용기일뿐입니다. 항왕은 사람을 보는 것이 공경하고 자애하고 언어는 온화하고 부드럽습니다. 남이 병이 들면 울면서 자신의 먹고 마시는 것을 나눠줍니다. 그러나 자기가 부리는 사람이 공이 있어 마땅히 봉작해야 할 자에 이르러서는 그 인(印)이 망가지고 깨어지도록 만지작거리고 망설이면서 차마 내어주지 못합니다. 그러니 그것은 부녀자의 인(仁)일 뿐입니다."

필부지용(匹夫之勇)은 전략이나 작전계획을 쓰지 않고 자신의 힘만 믿고 휘두르는 용기다. 그런 용기로는 승리할 수 없다. 좁은 소견으로 혈기만 믿고 함부로 날뛰다가는 자신은 물론 다른 사람까지 위태롭게 한다. "필부의 용기는 한 번 싸워 사로잡을 수 있다."(匹夫之勇, 可一戰而擒也)[『후한서』 순욱전(荀彧傳)]

필부의 용은 기껏해야 한 사람이나 상대할 수 있는 용기니 지도자로서는 쓸 만한 것이 못된다. 급변하는 시대일수록 원대한 시야와 치밀한 지략을 갖춘 인재를 많이 양성해야 한다. 지금은 필부지용이 너무 많다.

필부는 중국 고대에는 평민 남자, 두루 평민 백성을 가리켰다. 이후 용기만 있고 지략이 없는 이를 다소 경멸하는 의미를 담아 필부라 했다. 또 보통 사람을 말할 때도 필부라 한다.

匹 : 필 필, 夫 : 사내 부, 之 : ~의 지, 勇 : 용기 용

37
"닭 잡는 데 소 잡는 칼을 쓴다"

—

牛刀割鷄

(우도할계)

공자(孔子) 제자 자유(子游)가 무성(武城)의 장이 되어 그곳을 다스렸다. 그때 공자가 무성에 와보니 거리에는 거문고와 비파 소리가 울리고 사람들은 그 소리에 맞춰 시서(詩書)를 읊고 있었다.

이를 보고 공자는 기뻤던지 자유에게 한 말씀 하였다.

"닭 잡는 데 어찌 소 잡는 칼을 쓰는고(割鷄, 焉用牛刀)."

이 말에 다소 어리둥절해진 자유가 정중하게 대답한다.

"전에 제가 선생님께 배우기를 '군자가 도를 배우면 사람들을 사랑하고 소인이 도를 배우면 부리려고 하기 쉽다'고 하셨습니다. 저는 오직 선생님의 가르침을 따랐을 뿐입니다."

자유가 너무 진지하게 반응을 하여 공자는 미안한 생각이 들었던지 이렇게 말했다.

"그래, 자유, 네 말이 맞다. 아까는 그저 농담으로 한 말이지."

공자는 평소 제자들에게 나라를 다스리는 데는 예악의 도로써 하라고 가르쳤는데, 자유가 자신의 가르침대로 실행하는 것을 보고 기뻐 농담을 했던 것이다. 작은 고을(닭)을 다스리면서 예악을 써서 마치 천하를 다스리듯 하니 농담을 할 법도 하다. 『논어』 양화 편에 나오는 이야기다.

'牛刀割鷄(우도할계)'는 '닭 잡는 데 소 잡는 칼을 쓴다'는 뜻이니 용도에 맞지 않게 칼을 골랐다는 것이다. 이후 '닭 잡는 데 어찌 소 잡는 칼을 쓰랴' 함은 작은 일을 처리하는 데 큰 그릇을 사용함을 두고 이르는 말이 되었다.

칼도 과일 깎는 칼과 고기를 자르는 칼, 회를 뜨는 칼이 다 다르다. 그러므로 뛰어난 요리사는 칼을 잘 가려서 쓴다. 어찌 칼뿐이랴. 무릇 도구마다 그 쓰임새가 다르니 이를 닦는 치솔과 구두를 손질하는 솔이 별도로 있다. 사람도 저마다 잘하는 분야가 따로 있고 자질이 다르다.

그런데 칼은 가려서 써야 한다고 말하면서도 사람은 가려서 쓸 줄 모른다. 부적절한 인사가 격에 맞지 않게 자리를 차지하고 있으면 그 조직에는 많은 문제가 생긴다.

牛:소 우, 刀:칼 도, 割:벨 할, 鷄:닭 계

38
"교묘히 꾸며서 하는 말과 아첨하는 얼굴빛"

—

巧言令色
(교언영색)

선거가 가까워질수록 말들이 많아진다. 그 가운데도 깊이 새겨보면 당리당략을 노리고 하는 말들이 많다. 워낙 잘 꾸며대고 내용이 그럴 듯해 잘 들여다보지 않으면 모른다. 선거에서 이기자면 소속당에 유리한 말을 많이 해야 하겠지만, 결국 그 피해는 국민에게 돌아간다.

일찍이 공자(孔子)는 "巧言令色(교언영색) 鮮矣仁(선의인)"이라고 하였다. '번지르하게 발라 맞추는 말과 알랑거리는 낯색은 인(仁)한 것이 적다'는 뜻이다. 공자는 겉으로 꾸미는 것을 좋아하는 사람은 내심이 인하다고 하기 어렵다는 것이다. 이을호 박사는 이를 두고 "이론이 앞서거나 제스처가 지나친 태도는 성실한 인간의 할 짓은 아닐 것이다"고 설명했다. 『논어』의 학이편(學而篇), 양화편(陽貨篇)에 거듭 나온다.

공자가 교언영색을 경계한 것은 워낙 겉을 잘 꾸며 많은 사람들이 속기 쉽고 그 실상을 잘 모를 수 있기 때문일거다. 하지만 아무리 겉치장을 하여 감추려 해도 시간이 지나면 실상이 드러나는 법이다. 싸고 싼 향내도 난다고 하였다.

말이란 솔직해야 힘을 갖는다. 자신의 삶에서 경험한 체험담을 이야기할 때 사람들은 관심을 갖는다. 삶에서 나온 진실한 것이기 때문이다. 말은 또한 품격이 있어야 한다. 적절한 용어를 선택하여 존대법에 맞게 구사해야 한다.

이렇게 보면 말이란 참으로 어렵다는 생각이 든다. 품격이 있으면서 진실이 배어 있어야 하는 말을 해야 하니까. 서구에서는 화술을 일부러 배우는 이유가 다 있다. 자리에 맞는 복장과 태도를 갖추고 그 분위기에 맞는 대화를 나누는 것은 많은 훈련이 필요하다. 교언영색하지 않겠다고 침묵을 좋아해서는 오늘날에는 사회생활 부적격자가 된다.

巧:교묘할 교, 言:말씀 언, 令:하여금 영, 色:빛 색

39
"살얼음을 밟듯이 조심하다"

—

如履薄氷
(여리박빙)

서주(西周) 말기 주왕실이 쇠약해지자 정치가 문란해졌다. 각 지역의 제후들이 일어나 왕을 참칭하고 악정(惡政)을 하니 세상이 매우 위험했다. 법과 도덕이 무너지기 시작했다. 대부분 사람들은 기회를 놓칠세라 눈앞의 이익에만 매달려 서로 다투었다. 그것이 뒤에 큰 재앙이 될 것임을 알지 못한 탓이다. 다만 조심성 있는 사람들만 그 악정을 불안에 떨며 조심했다.

"사나운 호랑이는 맨손으로 감히 잡지 못하고(不敢暴虎)/황하는 감히 걸어서 못하느니(不敢憑河)/ 사람들은 그것 하나는 아는데(人知其一)/ 그밖의 것들은 알지 못하는구나(莫知其他)/ 지금 세상은 두려워서 벌벌 떨며 조심해야 하니(戰戰兢兢)/ 마침 앞에 깊은 물이 있는 듯하고(如臨深淵)/ 살얼음을 밟듯이 해야 하네(如履薄氷)."

『시경』소아(小雅)에 들어 있는 '소민(小旻)'이라는 시다. 여기서 如履薄氷(여리박빙)이라는 말이 유래했는데 "살얼음을 밟듯이 조심하고 또 조심한다."는 뜻이다. 深淵薄氷(심연박빙)도 비슷한 의미다.

이 시에서 어떤 계획이나 준비없이 그저 용기만 믿고 마구 행동하는 걸 비유하는 暴虎憑河(포호빙하)라는 성어도 나왔다.

우리나라 경제가 앞으로도 어렵다니 살얼음을 밟듯이 신중하고 또 신중히 해야 한다. 그렇다고 전전긍긍할 것도 없다.

如 : 같을 여, 履 : 밟을 리, 薄 : 엷을 박, 氷 : 얼음 빙

40
"무서운 기세로 일이 확대되다"

—

燎原之火
(요원지화)

은(殷)나라 탕(湯)왕의 17대 손인 반경(盤庚)때, 황하의 수해를 크게 입었다. 이에 천도를 하려고 하는데 백성들이 따르지 않았다. 천도란 쉬운 일이 아니고 대체로 국민들은 천도를 싫어한다. 비교적 풍족한 지역인데 홍수가 났다고 천도를 하겠다니 처음부터 불평하는 소리가 컸다. 더욱이 관리들이 나서 쓸데없는 말을 퍼뜨려 백성들을 선동하기까지 하였다.

반경은 관리들을 타일러 이렇게 말했다.

"너희는 무엇 때문에 짐에게 고하지 않고 서로 경박한 말로 국가의 장래를 위협하는 일을 떠들어 대느냐? 여러 사람이 천도를 두려워하게 선동하는 짓도 나쁜 일이다. 많은 백성을 두려워하게 하고 또 불행에 빠지게 하면 단연 그런 자에게는 형벌을 내려 방자한 짓을 못하게 할 것이니 잘 생각해 두어야 한다. 불이 들을 태우면 가까이 다가갈 수 없는 것

처럼 보이지만, 그것을 끄려고 하면 끌 수가 있다.(若火之燎于原 不可嚮
邇 其猶可撲滅) 그와 같이 백성을 선동하여 소란을 일으켜 일시 그것이
여하한 세력이 되더라도 이를 제재하여 부당한 소행을 금지하려고 들
면 못할 것 없다. 일시의 세력을 믿고 그러는데 도저히 바른 도에 대적
할 수 없으니 잘 생각하라.”

　그리고 백성들에게도 천도의 당위성을 설명했다. 왕이 먼저 그 불만
을 해소하기 위해 많은 사람들에게 천도의 취지를 설명하였다. 반경은
마침내 천도를 하고 백성이 거처할 새 터전을 마련하였다. 이는 『서경
(書經)』반경 편에 나온다. 전제 군주가 이렇게까지 했다니 동이족의 국
가라 다른가.

　여기서 ‘燎原之火(요원지화)’라는 말이 나왔다. 늦봄 건조한 날씨가
이어질 때 산불이 나면 걷잡을 수 없다. 추수가 끝난 늦가을, 땅이 바싹
말랐을 때 벌판에 불을 지르면 크게 번진다. 이를 요원의 불길이라 한
다. 더 나아가 어떤 일이 무서운 기세로 확산되어 가는 것을 가리키기
도 하고 또 세가 대단하여 막을 수 없는 경우에도 비유하여 쓴다. 요새
는 ‘들불’이라는 표현을 쓴다.

　　　　　　　　　　　燎:불붙을 요, 原:벌판 원, 之:어조사 지, 火:불 화

41
"우는 화살"

—

嚆矢
(효시)

상고시대에는 장례가 따로 없었다. 땅에 묻는 법이 없어 들 가운데 그냥 버렸는데 어느 효자의 어머니가 죽었다. 효자도 옛부터 해오던 대로 백모(白茅)로 시신을 싸서 들에 버렸는데 그 주위에 짐승들이 모여들었다.

효자는 자기를 낳아 길러준 부모님이 짐승의 밥이 되는 것을 참지 못하고 대총을 만들어 지켰다. 농촌에서 아이들이 가지고 놀았던 그 대총이다. 한 발쯤 되는 대(竹)의 한쪽 끝을 열 십(十)자로 칼질하여 그 끝을 뾰족하게 다듬고 그 사이에 십(十)자로 가는 나뭇가지를 끼운다. 이것으로 땅을 찍으면 흙이 채워져 이것을 들며 쏘면 흙이 멀리 나가게 된다. 때로는 잔자갈을 쓰기도 했다. 효자가 이렇게 대총을 쏘아도 짐승들이 물러가지 않아서 궁리 끝에 나무를 휘어 줄을 매고 싸리가지로 살을 먹여 쏘니 짐승들이 다투어 도망갔다. 활은 이렇게 효자가 만들었다.

우리 조상들이 만든 활을 맥궁(貊弓) 또는 단궁(檀弓)이라 했으며 싸

105

릿대에 청석(靑石)으로 살촉을 만든 것을 호시(楛矢)라 했다. 중국 제후들은 이것을 얻으면 치세의 영광으로 여겨 부고(府庫)에 간직하여 길이 후손에게 전하였으며 화살은 타성(他姓)의 제후에게 나누어 주었다. 이성(異姓) 제후에게 이를 나눠 준 것은 복종함을 잊지 말라는 뜻이었다.

우리나라 단궁은 크고 화살이 멀리 나갔으나 비가 올 때는 아교가 풀어져 쏘지 못했으며 중국의 화살은 매우 커서 지니고 다니기 불편하고 멀리 나아가지 못하나 비가 와도 쓸 수 있었다. 이 화살에는 새 깃털로 만든 궁깃, 깃간이 있어 날아가면서 바람과 마찰하여 소리를 냈다. 이 소리를 이용하여 고대인들은 선전포고를 하고 전투에 돌입했다. 여기서 전하여 효시가 사물의 시초, 선례를 가리키는 말이 되었다.

"지금 세상에는 처형된 자가 베개를 나란히 하고 칼을 쓰고 차꼬를 찬 자가 비좁아 서로 밀치며 형벌로 죽은 자가 멀리까지 바라보인다. 유가나 묵가는 이렇게 되니까 비로소 죄인들 사이에서 기세를 부리게 된 것이다. 아! 너무 심한 짓이다! 그들의 반성을 모르고 부끄러움을 깨닫지 못하는 꼴이 참으로 너무 심하다. 성인이나 지혜가 칼과 차꼬를 죄는 쐐기가 되지 않는지, 인의가 수갑과 차꼬를 단단하게 하는 장부가 되지 않는지 나는 미처 알 수가 없다. 증삼과 사추가 걸왕과 도척의 앞장을 섰던 것이 아닌지 어찌 알겠는가?"『장자』재유편에 나오는데 여기서 嚆矢라는 말이 유래했다. 우는 화살이라는 뜻으로 이 화살을 쏘는 것을 신호로 전쟁을 했기 때문에 전하여 사물의 시초, 선례를 의미한다. 비슷한 뜻으로 남상(濫觴)이 있다.

嚆 : 울릴 효, 矢 : 화살 시

42
"가을 하늘은 높고 말이 살찐다"

—

秋高馬肥
(추고마비)

한(漢)나라가 중국을 통일한 지 얼마 안 되어 겨울 흉노(匈奴)가 기습을 했다. 흉노의 기습에 한왕(韓王) 한신(韓信)이 항복을 하고 흉노는 기세를 몰아 계속 남하했다. 이에 한고조 유방(劉邦)이 친히 군사를 이끌고 나섰다. 한나라는 흉노의 군사를 약졸로 업신여기고 대다수가 보병인 32만 명의 전군을 동원했다. 겨울인지라 추위가 심하고 큰 눈이 내려 병사들 중 동사자가 열에 두세 명이나 되었다.

한고조 자신이 전군의 선두에 서서 평성(平城:지금의 산서성 대동시 동북쪽)에 이르렀다. 채 보병이 오기도 전에 흉노의 정예부대 40만 기병이 고조를 포위하였다. 한나라 군은 7일 동안이나 후진과 단절되어 보급과 구원을 받을 수 없었다. 이에 한고조는 흉노의 정실부인 연지에게 후한 선물을 보내 겨우 포위망을 풀게 한 뒤 빠져나올 수 있었다. 『사기』 흉노열전에 나오는 이야기다.

한고조는 천하를 통일했지만 북방 유민족 흉노에 크게 시달렸다. 역대 중국 한족 왕조도 그와 같았다.

『한서(漢書)』 흉노전에 "가을에 말이 살찔 때에는 대림에서 대회를 열어 백성과 가축의 수효를 조사하였다."(秋, 馬肥, 大會蹛林, 課校人畜計)라고 하였다. 남하할 준비를 한 것이다. 여기서 추고마비(秋高馬肥)라는 말이 유래했다.

말이 살쪄 멀리 달려도 끄떡없어 기동력을 확보할 수 있는 때가 바로 이 때이고 남쪽 중국에는 곡식이 익어 들판에 그득했다. 날씨가 추워지면 황하가 얼어 말을 타고 그대로 건널 수 있으니 북방 이민족들은 이때를 놓치지 않았다. 농경민족인 중국은 가을이 깊어질수록 말을 타고 쏜살같이 나타나 약탈하고 살생을 하는 북방이민족이 두려울 수밖에 없었다. 중국은 장성(長城)을 쌓아 이를 막았다. 그래서 '가을 하늘이 높고 말이 살찌면 호인들이 남하하여 말을 먹인다'(秋高馬肥 胡人南下牧馬)는 말이 나왔다.

송(宋)나라 이강(李綱)이 펴낸 『정강전신록(靖康傳信錄)』 3권에는 "신은 가을 하늘이 높고 말이 살찌는 것이 두렵습니다. 오랑캐가 반드시 다시 와서 이전에 약조한 것들을 들어 책망할 것입니다."(臣恐秋高馬肥, 虜必再至, 以責前約)라고 하였다.

『명사(明史)』 204권 증선전(曾銑傳)에도 "가을 하늘이 높고 말이 살찌며 활과 화살이 강하고 날카롭습니다. 저들이 모여 공격하면 우리는 흩어져 지킵니다."라고 우려하였다.

당(唐)나라 때 두심언(杜審言)이 친구인 소미도에 준 시 '증소미도'(贈蘇味道)중에는 "구름이 걷히고 요사스런 별이 떨어지니 가을 하늘이 높고 장성의 말이 살찐다."(雲淨妖星落, 秋高塞馬肥)라는 구절이 있다고 한다. 하지만 전당시(全唐詩)에 들어 있는 두심언의 시에는 이 부분이 보이지 않는다.

추고마비는 가을이 깊어져 말이 살찐다는 뜻인데 이 때가 되면 북방 유목민이 쳐들어오니 대비를 하라는 경고의 의미이다. 우리나라도 조선시대까지만 해도 이 뜻으로 썼다. 세조13년(1467) 5월 북방에 야인(野人)이 쳐들어오니 그 대책을 논하는 자리에서 도총관 강순이 "추고마비의 때를 기다려 오랑캐를 섬멸하자."고 건의했다.

이 추고마비가 일본으로 전해지면서 천고마비(天高馬肥)로 변했다. 오랑캐의 위험이 없는 일본에서는 천고마비가 날씨가 좋고 먹을 것이 풍부해 활동하기 좋다는 뜻으로 쓰인다. 이것이 우리나라에 다시 들어와 지금 널리 쓰인다. 추고마비와는 별개로 보아야 할 것이다.

秋:가을 추, 高:높을 고, 馬:말 마, 肥:살찔 비

43
"고래 싸움에 새우 등 터진다"

—

鯨鬪鰕死
(경투하사)

"임자년 겨울 송옹(松翁)의 신세가 번옹(樊翁) 때문에 갑절 더 위태롭게 되었으므로 내가 송옹에게 상소(上疏)를 하면서 '고래 싸움에 새우가 죽었다'(鯨鬪鰕死)는 구절을 쓰라고 권하였더니 송옹이 성을 내며 말하기를 '번옹은 왜 꼭 고래가 되고 나는 왜 꼭 새우가 된단 말인가' 하면서 머리를 내젓고 듣지 않았다."

다산 정약용(丁若鏞)이 시(詩) '천진소요집(天眞消搖集)'에 덧붙인 내용이다. 번옹(樊翁)은 조선 숙종~정조 연간의 문신 채제공을 말하는데 송옹은 번옹과는 대립하는 파에 속하였던 모양이다. 그로 인해 더욱 위태롭게 되었으나 송옹은 자신을 새우로 비유하는 것을 싫어하여 다산에게 화를 냈다. 나중에 다산은 이 시에서 "지난 일들이 이제는 포복절도할 지경이니/ 고래와 새우로 비유한 게 죽어도 부끄러울 뿐일세."(鯨鰕取譬死猶慙)라고 하였다.

경투하사(鯨鬪鰕死)는 '고래 싸움에 새우 등 터진다'는 우리나라 속담을 말한다. 강한 자끼리 싸우는 틈에 끼여 약한 자가 아무런 상관없이 화를 입음을 비유한다. 이 말에 대해 정약용은 속담을 모아 풀어 놓은 저서 '이담속찬'(耳談續纂)에서 "높은 벼슬아치가 서로 그 문생을 죄다 동원해 싸우기 때문에 관리는 다치지 않는 자가 없다."(喻大官相傾其門生故吏無不受傷)라고 설명했다. 이는 다른 문헌에도 나타난다.

정조대왕은 '교리 조진택(趙鎭宅)이 홍병찬(洪秉纘)을 논척하는 상소에 대한 비답'에서 "대체로 십수 년 전에 세상일이 여러 번 바뀔 때 고래 싸움에 새우 등이 터진 꼴이 된 것은 세신(世臣)이 아니면 지체 높은 가문이었다. 그래서 시일이 오래 지나고 일이 안정된 뒤에 모두 구해 내어 강화시키고자 하였으니 이는 곧 내가 맹세코 조금도 부끄러움이 없이 천지의 조화에 부응하는 군건한 약속이었다.(時久事定之後, 偕欲拯攬而陶甄, 卽予質諸屋漏.)"라고 하였다.(『홍재전서』 43권)

작금의 동북아 정세를 보면 센가쿠열도(중국명 : 댜오위다오)를 둘러싼 중국과 일본 간의 영토 분쟁에 이어 미국과 중국 간 주도권 경쟁이 치열하게 전개되고 있다. 그 동안 힘을 비축한 중국이 동아시아의 패권을 노리고 적극 나서는 형국이다. 미·중·일 간 갈등과 긴장이 고조되면서 우리나라가 선택할 길이 좁아지고 있다. 강대국들 간의 주도권 다툼 때문에 '고래 싸움에 등 터지는 격'으로 애꿎은 우리가 피해를 볼 수 있다. 미국과 일본·중국의 동향에 기민하고 치밀하게 대처해야 할 이유가 여기에 있다.

鯨 : 고래 경, 鬪 : 싸울 투, 鰕 : 새우 하, 死 : 죽을 사

44
"이름과 실상이 서로 맞다"

—

名實相符
(명실상부)

후한(後漢) 말 왕수(王修)는 북해군 영릉현 사람으로 북해태수 공융(孔融)이 발탁하여 벼슬길에 올랐다. 왕수는 백성을 못 살게 하는 호족을 제압하고 도적을 물리쳤다. 공융에게 어려움이 있으면 왕수는 비록 집에서 휴식을 취할 때라도 오지 않은 적이 없었다. 공융은 항상 왕수에게 의지하여 어려움을 면했다.

왕수는 나중에 원소(袁紹) 아들인 원담(袁譚)의 별가(別駕)가 되었다. 원담이 조조(曹操)와 싸우다 죽자 왕수는 곡을 하며 "군주가 없으니 어디로 돌아가야 하는가?"하고 조조에게 원담의 시신을 거두어 안장하게 해달라고 부탁했다. 조조는 왕수의 마음을 떠보려고 아무 말도 하지 않았다. 왕수가 또 말했다.

"저는 원씨의 두터운 은혜를 입었으니 만일 원담의 시신을 거두어 염한 후에 찢겨 죽는다 해도 원한이 없을 것입니다."

조조는 왕수의 충의를 아름답게 여기고 그의 요구를 들어주었다. 조조가 원담의 여러 성을 격파하고 권세 있는 자들의 재산을 조사하니 헤아릴 수 없을 정도였다. 왕수의 가산(家産)은 곡물이 열 섬도 안 되고 책만 수백 권이 있었다. 조조는 탄식하며 말했다.

"선비는 그 명성을 망령되게 하지 않는구나."

곧 예로써 왕수를 사공연으로 임명하고 사금중랑장(司金中郞將)을 대행하게 하고 위군태수(魏郡太守)로 자리를 높여주었다. 그러자 진황백(陳黃白)이 이의를 제기했다. 왕수는 그럴 만한 인재가 아니라고. 조조는 왕수에게 "그대는 몸을 닦고 덕을 길러 이름을 온 나라에 떨치고 충성과 재능으로 업적을 쌓아 세상 사람들의 칭송을 받아 명실상부하게 그 뛰어남이 오래도록 전하게 하라(君澡身浴德, 流聲本州, 忠能成績, 爲世美談, 名實相副, 過人甚遠)."는 말을 한다. 이것이 조조의 '여왕수서'(與王修書：왕수에게 주는 글)이다.

『삼국지(三國志)』위서(魏書) 왕수전(王修傳) 주(註)에 인용된『위략(魏略)』에 전한다. 여기서 명실상부(名實相副)가 유래하였다. 이는 명실상부(名實相符), 명실구부(名實俱副), 명실상칭(名實相稱)로도 쓰인다. 명실상부는 이름과 실상이 서로 꼭 맞아 부합함을 뜻한다. 반대말은 유명무실(有名無實：이름만 그럴 듯하고 실속이 없음).

많은 사람들이 명실상부를 이야기하지만 이름과 실상이 서로 들어맞는 경우가 드물다. 나부터서 이름과 실상이 일치하게 행동해야 한다. 남 탓할 게 아니다.

名：이름 명, 實：바탕 실, 相：서로 상, 符：들어맞을 부

45

"이름이나 신분이 특별하지 않은 평범한 사람들"

—

張三李四

(장삼이사)

당 태종 이세민은 개국공신들에게 자신의 이(李)씨 성을 하사했다. 이때 서(徐)·안(安)·두(杜)·호(胡)·홍(弘)·곽(郭)·마(麻)·선어(鮮於)·장(張)·아포(阿布)·동(董)·나(羅)씨 등 16개 성씨가 혈연관계가 없는데도 모두 이씨로 성을 바꾸었다. 후위(後魏)의 선비족도 이(李)씨로 사성을 하여 이씨는 중국에서 가장 많은 성씨가 됐다.

중국에서 두 번째로 많은 성씨는 왕(王)씨이다. 한(漢) 무제의 어머니도 성이 전(田)씨였는데 이들의 후손이 황실의 적자가 됨에 따라 전씨가 모두 왕씨로 성을 바꾸었다고 한다.

세 번째로 많은 성씨는 장(張)씨. 이 글자는 활을 잡고 화살을 쏘려고 하는 모습을 본 뜬 것이다. 중국 고대 황제(黃帝)가 활을 만든 공신들에게 장(張)씨를 하사했다고 한다. 춘추시대 진(晉)나라 공족(公族) 중에 해장(解張)이란 사람이 있었는데 장(張)씨로 성을 바꾸었고 진시황(秦

始皇) 때 한(韓)나라의 희량(姬良)은 진시황을 살해하려다 실패하여 도망한 후 장씨로 바꾸었다. 장씨가 많아진 이유다. 또 삼국시대 촉(蜀)에서는 용우나(龍佑那)에게 승상 제갈량(諸葛亮)이 장씨를 내려주었고 위(魏)나라 장수 장료(張遼)는 원래 섭씨였는데 보복을 피하기 위해 장씨로 성을 바꾸어 그 후손들이 모두 장씨가 되었다.

이렇게 이씨와 장씨가 흔하게 되어 나온 성어가 장삼이사(張三李四)다. 장씨(張氏)의 셋째 아들과 이씨(李氏)의 넷째 아들이라는 뜻으로 이름이나 신분이 특별하지 아니한 평범한 사람들을 이르는 말이다. 사람에게 성리(性理)가 있음은 아나, 그 모양이나 이름을 지어 말할 수 없음을 비유하는 말이기도 하다.

송(宋)나라 도원(道源)이 1004년 펴낸 『경덕전등록(景德傳燈錄)』의 장주 보복종전선사(保福從展禪師)에 "불전을 따라 뒤로 가는 사람이 있어 보면 장삼이사이다."(有人從佛殿後過, 見是張三李四)라는 글이 나온다. 여기서 장삼이사(張三李四)가 나왔다. 『주자어류(朱子語類)』 66권에도 '장삼이사'가 나온다. 당나라 때 이씨가 크게 늘어서 송나라 때 이 말이 널리 유행한 듯 싶다.

장삼이사의 비슷한 뜻으로 匹夫匹婦(필부필부), 甲男乙女(갑남을녀), 樵童汲婦(초동급부)가 있다. 초동급부는 땔나무를 하는 아이와 물을 긷는 여자라는 뜻이니 역시 보통 사람을 지칭한다.

張:성 장, 三:석 삼, 李:성 이, 四:석 사

46

"부자는 더욱 부자가 되고 가난한 이는 더욱 가난해진다"

—

富益富 貧益貧

(부익부 빈익빈)

불경 가운데 금강경(金剛經)은 인도에서 2세기에 성립한 경전으로 인도 사위국을 배경으로 석가모니 부처가 제자 수보리(須菩提)를 위해 설한 경전이다. 중심 사상은 '공(空)'이다. 한 곳에 집착하여 마음을 내지 말고 항상 머무르지 않는 마음을 일으키며 모양으로 부처를 보지 말고 진리로서 존경하라 했다. 모든 모습은 모양이 없으며 이렇게 본다면 곧 진리인 여래를 보게 된다는 것이다.

부처님이 열반하신 후 무착(無着)보살이 금강경을 해석하려 했으나 너무 어려운 부분이 많아서 고심하던 중 일광정(日光定)에 들어 도솔천의 미륵보살을 친견하게 되었다. 무착 보살이 미륵보살에게 금강경에 관해 묻자 미륵보살이 80수의 시(詩) 자씨 팔십행게(慈氏 八十行偈)로 금강경의 뜻을 풀어주었다고 한다.

이에 무착은 『무착론(無着論)』 2권을 지었고 그의 제자 천친(天親)보살은『천친론(天親論)』3권을 지었다고 한다. 천친보살이 주석한『금강반야경의천친보살론(金剛般若經依天親菩薩論)』을 당(唐)나라 서경(西京) 숭성사(崇聖寺) 지은(知恩) 스님이 주석을 한 것이『금강반야경의천친보살론(金剛般若經依天親菩薩論)』약석진본의기(略釋秦本義記)이다.

이 가운데 "가섭이 부를 버리고 가난을 따라 가난이 더욱 가난해지고 부를 더하지 못했다. 수보리는 가난을 버리고 부유함을 따라 부유함이 더욱 더해지고 가난이 더해지지 않았다."(如大迦葉捨富從貧益貧不益富. 須菩提捨貧從富益富不益貧)라는 말이 나온다. 여기서 '부익부 빈익빈'(富益富 貧益貧)이라는 말이 나왔다. 가섭은 부호의 아들로 불문에 귀의하여 두타행(頭陀行)을 했다. 두타행은 수행자가 세속의 모든 욕심이나 속성을 놓아버리고 몸과 마음을 깨끗이 닦으며 참기 힘든 고행을 통해 수행을 하는 것을 말한다.

청(青) 고염무(顧炎武)는 명(明)나라의 토지제도가 문란해진 것을 들어 "부자의 전답이 천 두렁이나 이어져 농사를 짓지 않고도 앉아서 이익을 누리고 가난한 이들은 송곳을 꽂을 땅도 없는데 도리어 많은 이들이 남에게 배상을 하니 부자는 더욱 부자가 되고 가난한 이는 더욱 가난해져 공평하지 못함이 이와 같았다."(富者田連阡陌 坐享無苗之利 貧者地無置錐 反多數外之賠 富益富 貧益貧 其不均有如此者)라고 하였다.['천하군국이병서'(天下郡國利病書)].

2013년 재벌닷컴이 분석한 자료에 따르면 우리나라 100대 부호가 국민총소득의 8% 이상 소유하고 있다고 한다. 그 가운데 삼성과 현대차그룹·롯데그룹·LG그룹 등 4대 재벌가족 집단이 보유한 부의 규모는 29조3천억 원으로 국민총소득의 약 3%라 한다. 부익부 빈익빈에 따른 양극화에 의해 부의 편중이 극심하게 진행되고 있음을 보여주는 것이다. 이 문제를 심각하게 보고 대처해야 할 때다. 이 문제는 여전히 해결해야 할 과제로 남아있다. 우리 사회가 더욱 발전하려면 소득의 양극화를 완화하지 않으면 안 된다.

富 : 부자 부, 益 : 더할 익, 貧 : 가난할 빈

47
"천 가지 모습과 만 가지 형상"

—

千態萬象

(천태만상)

중국 남조 양(梁) 무제(武帝)는 중국 불교를 말할 때 자주 거론되는 인물이다. 독실한 불자였던 양무제는 달마가 인도에서 중국으로 오자 그를 마중 나간다. 달마를 만난 무제는 자신이 즉위한 이래 많은 사찰을 세우고 경전을 출간했으며 스님들을 공양했다는 등등 이야기를 달마에게 하고 이렇게 물었다.

"그 공덕이 얼마나 되는지요?"

"아무 공덕이 없습니다(無功德)." 달마대사는 단호하게 말했다.

이 선문답을 한 달마는 아직은 때가 아닌 줄 알고 숭산 소림사로 가서 9년간 면벽 수도를 하게 된다.

이렇게 절을 많이 세운 양무제가 용교사라는 절을 세웠던 모양이다. 그 절에 비를 세우고 그 글을 양무제가 지었다. 즉 양무제는 비문 '용교사비'(龍教寺碑)를 썼는데 그 내용 중에 "부도가 용솟음치며 나타나는 것이 천 가지 모습이요 만 가지 형태다.(浮屠湧現, 千態萬狀)"라고 하는 것이 있다. 여기서 천태만상(千態萬狀)이 유래하였다.

『선화화보(宣和畵譜)』2권 도석(道釋)에 "응견(鷹犬 : 사냥에 동원되는 송골매와 사냥개)이 세차게 달려들어 부딪치는 데 이르러서는 구름에 용이 출몰하여 천 가지 모습과 만 가지 형상을 이루어 기운이 날아 움직이는 것 같다.(至於鷹犬馳突, 雲龍出沒, 千狀萬態, 勢若飛動)"라고 하였다.

송나라 육구연(陸九淵)의 글 '여왕겸중'(與王謙仲)에는 "아침 저녁으로 비가 내렸다 햇빛을 비췄다 구름이 끼었다 안개가 나왔다 하는 변화가 천 가지 만 가지여서 뭐라고 할 수 없다.(朝暮雨暘雲煙出沒之變, 千狀萬態, 不可名模.)"라고 하였다.

천태만상(千態萬狀)은 천 가지 모습과 만 가지 형상이라는 뜻으로, 세상 사물이 한결같지 아니하고 각각 모습·모양이 다름을 이르는 말이다. 우리나라에서도 전에는 이같이 썼는데 지금은 천태만상(千態萬象)으로 쓴다. 뜻은 알아두고 쓸 때는 '온갖 모양'으로 순화하여 활용하면 될 것이다.

千 : 일 천, 態 : 모양 태, 萬 : 일만 만, 象 : 그림 상

48
"사물을 보면 마음이 생긴다"

—

見物生心
(견물생심)

중국 청나라 조원(祖源) 선사는 도를 닦는 데 열 가지 마를 조심해야 한다며 '십마난정'(十魔亂正)을 강조했다. 그가 말한 열 가지 마는 첫째 숙원(宿怨), 둘째 외혹(外惑), 셋째 번뇌(煩惱), 넷째 알고 있는 지식, 다섯째 그릇된 견해(邪見) 여섯째 망상(妄想), 일곱 째 입으로 짓는 구업(口業), 여덟 째 병고(病苦), 아홉 째 혼미하게 가라앉는 혼침, 열 번째 천마(天魔)였다.

그리고 번뇌를 설명하며 "번뇌"라는 것은 일을 막는 것이니 이를 제거하지 않으면 바르게 수도할 수 없다고 했다.

"번(煩)이라는 괴로움은 밖을 따라 생기고 뇌(惱)라는 것은 마음 속에서 생긴다(煩逐外境, 惱生內心). 선을 닦는 과정에 나타나는 흐름이니 정하여 모름지기 끊어야 한다(修禪之流. 定須斷之)."

그리고 "여자를 보면 마음이 일어나고 음심은 번뇌이다. 죽이는 것을 보면 마음이 일어나고 악한 마음은 번뇌다. 재물을 보면 마음이 일어나 도둑질하고자 하는 마음은 번뇌다. 물건을 보면 마음이 일어나고 탐심은 번뇌다(見女生心. 淫心煩惱. 見殺生心. 惡心煩惱. 見財生心. 盜心煩惱. 見物生心. 貪心煩惱). 다른 사람을 보면 자만심이 일어나고 아상(我相)은 번뇌다(見人生慢. 我相煩惱). 낮은 것을 보면 오만한 것이 생겨나니 스스로 크다 함은 번뇌다."

조원 선사는 이렇게 열 가지를 설명하면서 도를 닦는 이는 이를 삼가고 경계를 해야 한다고 했다. 이는 『신편속장경』 제65 책 1,288. '만법귀심록'(萬法歸心錄), '십마난정'(十魔亂正)에 나온다. 십마난정은 바른 것을 어지럽히는 열 가지 마라는 뜻이다. 여기서 견물생심(見物生心)이 나왔다. 사물을 보면 마음이 생긴다는 뜻으로 탐내어 가지고 싶은 마음이 생기는 것을 말한다.

현대인은 꼭 필요해서 사는 것이 아니다. 광고나 마케팅의 작용으로 유행하니까 사거나 물건이 보기 좋아 사기도 한다. 좋은 물건이라 보면 사고 싶은 마음이 생기는 것이다. 현명한 소비자라면 견물생심하지 않고 꼭 필요한 것만 산다. 신상품이 날마다 쏟아지고 그것을 사라고 부추기는 광고가 홍수처럼 몰려온다. 그럴수록 생각이 있는 소비를 해야 한다.

見:볼 견, 物:사물 물, 生:날 생, 心:마음 심

49
"기나라 사람의 걱정"

—

杞人之憂
(기인지우)

옛날 기나라 사람중에 하늘과 땅이 무너지고 꺼져 몸을 의탁할 곳이 없게 될까 걱정하여 침식을 폐한 자가 있었다.(杞國有人憂天地崩墜, 身亡所寄, 廢寢食者) 이를 들은 다른 사람이 그를 찾아가 이렇게 말했다. "하늘은 기(氣)로 쌓여있습니다. 천하에 기가 없는 곳은 없습니다. 그대가 몸을 움직이고 호흡을 하며 하루종일 하늘 속에서 움직여 살아가고 있는데 어찌 무너져 꺼질까 걱정합니까?"

"하늘이 기가 쌓인 것이라면 그럼 해와 달과 별은 어찌하여 땅에 떨어지지 않습니까?"

"해와 달과 별들도 역시 기가 뭉쳐 빛을 내고 있는 것들이오. 떨어진다 하더라도 맞아서 상처를 입지는 않습니다."

"땅이 무너지면 어찌하오?"

"땅이란 흙덩이가 쌓인 것으로 빈 곳이라면 모두 흙으로 꽉 차 있어서 흙덩이로 채워져 있지 않은 곳이 없습니다. 당신은 하루 종일 그 땅 위에서 움직여 몸담고 있는데 어찌 무너질까 걱정하십니까?"

기나라 사람은 이러한 설명을 듣고 크게 안심하고 기뻐하였다. 『열자(列子)』 천서(天瑞)편에 나오는 이야기다. 여기서 '기인지우'(杞人之憂)라는 말이 나왔다. 기나라 사람의 근심이라는 뜻으로 쓸데없는 걱정이나 안 해도 될 근심을 이르는 말이다.

『열자』에서는 기인지우를 '쓸데없는 걱정'이 아니라 '하늘이 무너질 수 있음을 걱정하는 사람이 있음은 당연한 것'이라는 의미로 쓰고 있다 한다. '기인우천'(杞人憂千)이라고도 하며 줄여서 기우(杞憂)라 한다.

중국 고대 어린이용 교육서인 『유학경림(幼學瓊林)』 제1 천문류(天文類)에는 "마음에 걱정이 지나치게 많으면 기나라 사람이 하늘이 무너질까 우려한 것과 무엇이 다르랴."(心多過慮, 何異杞人憂天)라는 내용이 나온다.

杞 : 기나라 기, 人 : 사람 인, 之 : 어조사 지, 憂 : 근심할 우

50
"지나친 것은 미치지 못한 것과 같다"

—

過猶不及
(과유불급)

스승이 어떤 제자를 더 높이 평가하는지에 제자들 사이에 예나제나 관심이 많았나 보다. 공자 제자로 뛰어난 인재였던 자공(子貢)도 공자에게 그런 질문을 한 적이 있다.

"스승님, 자장(子張)과 자하(子夏) 가운데 어느 쪽이 더 어진지요?"

공자는 대답했다.

"자장은 지나치고 자하는 미치지 못하지."

"그럼 자장이 더 낫단 말씀인가요?"

이에 공자는 이렇게 말하였다.

"지나친 것은 미치지 못한 것과 같느니라."(過猶不及)

과유불급은 도를 지나친 것은 정도에 미치지 못한 것과 같다. 둘 다 중용(中庸)의 도에 어긋난다는 것으로 둘 다 마찬가지라는 뜻이다. 논어(論語)』선진편(先進篇)에 나오는 이야기다.

한 없이 어질기만 하면 좋을 듯 싶어도 그게 아니다. 평생 인(仁)을 강조한 공자도 지나치게 어진 사람은 그러지 못한 사람이나 같다는 평가를 내린다. 아무리 좋은 음식도 계속 먹으면 물리기 마련이고 아무리 듣기 좋은 말도 자주 들으면 듣기 싫어진다. 다 도는 넘어섰기 때문이다. 평생 다 못쓰고 갈 만한 부자나 기업이 더 많은 재산을 모으려고 남에게 피눈물을 흘리게 한다. 탐욕에는 끝이 없는 것인가.

이제 우리나라도 경제적으로 성공했으니 가난한 이웃나라에 베풀 때가 되었다. 과유불급의 지혜가 이를 말해준다.

덧붙이자면 자공에 관해서 공자는 어떤 평가를 내렸을까?

선진편에서 공자는 이렇게 말했다.

"자공은 천명(天命)을 받지 않았으나 화식(貨殖)을 잘하며 헤아리면 자주 들어맞는다."

천명을 받는다는 것은 큰 부자는 하늘이 낸다는 뜻이요, 화식은 돈을 잘 번다는 말이다. 헤아린다는 것은 일종의 투기를 말한다. 자공은 공자 제자 가운데 부자였는데 공자도 자공의 그러한 자질을 인정한 것이다.

過:지나칠 과, 猶:~와 같을 유, 不:아닐 불, 及:미칠 급

51
"손바닥을 뒤집는 것과 같이 쉽다"

—

易如反掌

(이여반장)

맹자(孟子) 제자 공손추(公孫丑)가 한 번은 맹자에게 물었다.

"선생님께서 제나라의 요직에 등용되면 관중(管仲)과 안자(晏子 : 안영)의 공을 다시 기약할 수 있으시겠습니까?"

관중은 제나라 환공(桓公) 때 재상으로 부국강병을 이룩해 환공을 패자로 만들어 천하를 호령하게 한 인물이다. 안영도 역시 제나라 영공(靈公)과 장공(莊公)·경공(景公) 3대를 섬기며 나라를 튼튼하게 한 명재상으로 이름을 떨쳤다. 이 두 사람은 서로 비견되는 뛰어난 정치가이다. 하지만 맹자는 자신이 그들과 비교되는 것도 좋아하지 않았다.

공손추는 스승인 맹자가 그들만큼 훌륭한 정치를 펴 이름을 남기기를 바랐던 것 같다. 그래서 "관중은 그의 주군을 패자로 만들었고 안자는 그 주군의 이름을 널리 알렸는데 그래도 안자는 본받을 가치가 없느냐"고 물었다.

맹자는 다시 이렇게 잘라 말했다.

"제나라의 왕 노릇하는 것은 손바닥을 뒤집는 것과 같지.(以齊王, 由反手也)"

이 말은 제나라는 영토가 넓고 백성도 많은 대국(大國)이어서 어진 정치를 시행하여 천하통일의 왕업(王業)을 이룩하기란 손바닥을 뒤집는 것처럼 쉬운 일이라는 뜻이다. 그런데 그러한 대국에서 군주의 전폭적인 신뢰를 업고서도 왕도(王道) 정치를 펴지 못하였으므로, 관중과 안영의 공적이 본받을 게 없다고 맹자는 말한 것이다.

여기서 易如反掌(이여반장)이라는 말이 나왔다. 대개는 여반장(如反掌)이라고 줄여 쓴다. 자신의 손바닥을 뒤집는 일처럼 아주 쉬운 일을 비유하는 고사성어로 쓰인다.

손바닥 뒤집는 것처럼 쉽게 할 수 있는 일이라도 정성껏 최선을 다해 잘 하는 게 중요하다. 쉬운 일, 간단할 일을 최선을 다해 정성껏 할 때 큰일도 할 수 있다.

易 : 쉬울 이, 如 : 같을 여, 反 : 뒤집을 반, 掌 : 손바닥 장

52
"무슨 일이든 결국 옳은 이치대로 돌아간다"

—

事必歸正
(사필귀정)

"군자가 곤궁한 때를 당하여 그 곤궁한 것을 벗어나기 위한 방법을 다하여 보고 그래도 벗어날 수가 없으면 이는 운명인 것이니 마땅히 목숨을 다하여 그 뜻을 이룰 것이다. 당연히 운명임을 알았으면 궁색이나 환란을 당하여도 그 마음이 흔들리지 말고 자기의 의리만을 행할 뿐이다. 진실로 운명임을 알지 못한다면 험난함을 두려워하여 괴롭고 재앙에 시달려서 자기의 뜻을 지키지 못하고 잃게 된다. 이렇게 되면 그 착한 일의 뜻을 어찌 능히 이룰 수 있겠는가."

북송의 유학자 정이천(1033~1107)의 『이천역전(伊川易傳)』「곤괘(困卦) 상전」에 나오는 내용이다. 이는 『주역』을 풀이한 것인데 정이천은 이어 곤괘의 구사(九四)를 풀이하면서 "유종이란 일이 돌아가는 바가 바르다. 초4는 바르게 응하니 마침내 서로 반드시 따르리라(有終者, 事之所歸者正也. 初四正應, 終必相從也). 가난한 선비의 아내와 약한 나라

129

의 선비는 각기 그 바른 도에 만족할 뿐이다. 진실로 권세를 따라 택한 다면 악의 큰 자로서 세상에 용납되지 않을 것이다."라고 하였다. 정이 천은 구사(九四)의 효사(爻辭)를 풀이하면서, 처음에는 고생하지만 사 필귀정(事必歸正)할 점괘이니 "가난한 선비의 아내와 약소국의 신하는 각자의 올바른 명분에 안주할 따름이다."고 하였다.

여기서 사필귀정(事必歸正)이 나왔다. 무슨 일이든 결국 옳은 이치대 로 돌아간다는 뜻이다. 올바르지 못한 일이 일시적으로 통용되거나 득 세할 수는 있지만 오래가지 못하고 결국에는 반드시 바른 길로 돌아가 게 되어 있음을 비유하는 말이다. 이 표현은 중국보다는 우리나라에서 더 통용되는 성어이다.

事 : 일 사, 必 : 반드시 필, 歸 : 돌아갈 귀, 正 : 바를 정

53
"노파심에 거듭 충고를 하다"

—

苦口婆心
(고구파심)

조보(趙普, 922~992)는 북송(北宋) 건국공신으로 후주(後周) 때 훗날 송 태조가 된 조광윤(趙匡胤)의 막료가 되어 보좌했다. 960년 조광윤 추대 운동의 중심 인물이 되어 꾀를 써 제위를 선위받게 하는 데 공헌했다. 이 공로로 우간의대부(右諫議大夫)가 되고 추밀직학사(樞密直學士) 등 을 거쳐서 재상에 올랐다.

태조가 수차례 미행하여 공신의 집을 방문하니 조보는 귀가하여도 감히 의관을 바꿔 입지 못했다. 하루는 큰 눈이 내려 조보는 황제가 나오지 않을 것으로 알았다. 밤이 깊은데 문 두드리는 소리가 들려 조보가 급히 나가 보니 황제가 눈을 맞고 서 있었다. 기겁한 조보가 급히 황제를 배알하니 나중에 태종(太宗)이 된 진왕(晉王)도 함께 왔다는 것이었다. 이렇듯 조보에 대한 태조의 신임이 두터웠다.

조보는 재임 중에 태조에게 자주 간하여 신생 국가 송나라의 지배체

제가 확립되도록 했다. 번진(藩鎭) 해체, 금군(禁軍)의 강화를 비롯한 문치주의적(文治主義的)인 중앙 집권화 추진은 조보가 건의한 것이었다.

옹희(雍熙) 3년(986) 송 태종은 대군을 내어 유계(지금의 천진 지역)를 쳤으나 오래도록 이기지 못하였다. 조보는 직접 간하는 상소를 올렸다. 이에 태종은 "국토의 일은 이미 대비를 해두었으니 경은 걱정을 하지 말라. 경은 국가의 원로로 충언을 하는 것이 괴로운데도 재삼 와서 아뢰니 기쁘고 부끄러운 마음 실로 크도다.(卿社稷元臣, 忠言苦口, 三複來奏, 嘉愧實深)"하였다. 『송사(宋史)』조보전(趙普傳)에 나온다. 주희(朱熹)는 『오조명신언행록(伍朝名臣言行錄)』에서 조보를 첫머리에 두었다.

송(宋) 석도원(釋道原)의 『경덕전등록(景德傳燈錄)』21권에는 "대사 말씀하시길 이것은 노파심이다.(師曰, 遮個老婆心)"라는 말이 나온다. 이 두 곳에서 고구노파(苦口婆心)라는 말이 나왔다. 괴로운 말을 하는 할머니의 마음이라는 뜻으로 참을성 있게 두 번 세 번 권고하는 것을 비유한다. 고구(苦口)는 괴로운 것을 마다하지 않음이요, 파심(婆心)은 자손을 걱정하는 할머니의 인자한 마음을 가리킨다. 노파심(老婆心)은 불교용어이다.

苦:괴로울 고, 口:입 구, 婆:할머니 파, 心:마음 심

54
"사람의 운수"

—

福不福
(복불복)

두어 가지를 놓고 뭔가 하나를 택해야 하는데 그게 좋기도 하고 좋지 않기도 하면 참으로 난감하다. 정도의 차이는 있을망정 다 좋다면 좋으련만. 그렇다고 선택하지 않을 수도 없으니 이걸 택할 것인지, 저걸 택할 것인지, 어느 것을 택하면 좋을지 매우 망설여진다. 이리 생각하고 저리 생각하다가 마침내 모든 것을 하늘에 맡기고 하나를 고른다. 우려했던 대로 좋은 않은 거다. 그럴 때 터져나오는 한마디. "에라, 복불복이지."

심한 경우에는 실망하다 못해 낙담하기까지 한다. 고르고 고른 제비뽑기에서 하필이면 '꽝'을 뽑았을 때의 심정과 같으리라. 그 많은 것 중에서 골라서 '꽝'을 뽑다니 애꿎은 손을 탓하곤 한다.

중학교나 고등학교 학교 배정에서 학생들이 학교를 선택할 때도 그렇다. 지금과 달리 전에는 사전에 학교를 지망하는 법이 없고 학군별 또는 전체 학교를 놓고 주사위를 굴리듯 하여 학교를 선택하게 했다. 원하지 않는 학교를 뽑았을 때는 학생뿐만 아니라 학부모도 크게 낙담했다. 그들에게서 "내가 그 학교를 뽑다니 이 손이 저주스럽다."는 말을 듣곤 했다. 살다보면 이런 일이 한두 번뿐이랴.

福不福은 바로 이런 일을 두고 자주 쓰는 말이다. 복(福)이 아니면 불복(不福:복이 아니다)이라는 뜻으로 사람의 운수를 의미한다. 복분(福分)의 좋고, 좋지 않음을 나타낸다. 뭔가를 선택하여 내게 돌아오는 것이 '복'아니면 그 반대인 '불복'이라는 것을 나타낼 때 쓰이는 것이니, 영어로 한다면 'all or nothing'이 이에 해당한다고 할까. 그 결과에 따라 기쁨과 실망으로 극과 극으로 달리는 것이 복불복이다.

"복불복이니 한 번 해 보겠다", "복불복이니 기다릴 수밖에", "복불복이니 안 돼도 할 수 없지" 등으로 쓸 수 있다. 그런데 복불복보다는 '복골복'이라는 말을 더 많이 쓰고 더 익숙하다.

하지만 복불복이 맞는 표현이고 복골복은 틀린 것이다. 복골복이라고 하면 복불복보다는 천박한 느낌을 주는 듯하다. 복골복이 입과 귀에 더 익숙하더라도 이제는 제대로 복불복으로 맞게 쓰자.

福:복 복, 不:아닐 불

55
"많은 남자들 틈에 있는 여성 한 명"

—

紅一點
(홍일점)

송(宋)나라 신종을 보좌하여 혁신정치를 과감하게 추진한 왕안석(王安石, 1021~1086)에게는 신법(新法)이라는 말이 따라다닌다. 왕안석은 신종에 의해 발탁되자 이재(理財)에 능한 신진관료들을 대거 등용하여 농전수리법, 청묘법, 시역법, 모역법 등의 신법을 실시하였다. 이 왕안석에 대해서 자세히 모르더라도 '왕안석의 신법'이라는 말은 들어본 적이 있을 터인데 그만큼 새로운 법을 만들어 파격적인 정치를 하였기 때문이다. 하지만 왕안석의 신법은 국가재정 확보 등에는 실적을 거두었으나 소농민과 중소상인의 구제라는 원래의 목적은 이루지 못하였다.

왕안석은 뛰어난 정치가이기도 하지만 문장가, 시인으로도 이름을 날렸다. 그는 당송팔대가의 한 사람으로 꼽힌다. 당시 정치적으로는 소동파(蘇東坡, 1036~1101)와 대립하였지만, 문학적으로는 서로 존중하였다. 하지만 개혁정치로 더 이름이 알려져 시인 왕안석은 묻힌 듯하다.

그가 쓴 시 가운데 석류시(石榴詩)가 있다. 그 중 "만록총중홍일점(萬綠叢中紅一點)/ 동인춘색불수다(動人春色不須多)"라는 구절이 있다. 그 뜻을 풀어보자면 "온통 새파란 잎 속에 핀 붉은 꽃 한 송이/ 사람의 마음을 들뜨게 하는 봄빛은 굳이 많을 필요가 없지"라는 뜻이다. 많이 피어 있는 꽃보다는 새파란 잎으로 둘러싸인 곳에 피어 있는 단 한 송이 꽃. 무성한 푸른 잎 사이로 어쩌다 피어 있는 한 송이 빨간 석류가 훨씬 사람의 눈과 마음을 끈다.

紅一點(홍일점)이란 '만록총중홍일점'(萬綠叢中紅一點)에서 나왔다. 많은 남성들 사이에 홀로 끼여 있는 여성을 나뭇잎 속에 파묻혀 있는 꽃에 비유한 것이다. 여러 남성 사이에 혼자 있는 여성을 가리킬 때 사용된다. 하지만 금자에 각계각층에 여성들, '알파걸'들의 활약이 대단하여 홍일점이라는 말도 사라질 운명에 있는 듯하다. 홍일점에 대응하여 만들어진 말이 靑一點(청일점)이다. 뭇 여성 가운데 하나 있는 남성을 일컫는 말로, 중국보다는 우리나라에 통용되는 말이다.

紅 : 붉을 홍, 一 : 한 일, 點 : 점 점

56
"천 가지 매운 것과 만 가지 쓴 것"

—

千辛萬苦

(천신만고)

1,900년 중국 돈황(敦煌)의 막고굴에서 왕 도사라는 이가 수많은 경서 (經書)와 서적, 직물, 법기 등을 우연히 발견했다. 이 자료 속에는 천 몇 백 년간 중국 고대의 종교, 철학, 문학, 예술, 역사 등 여러 방면과 관련 된 중요한 문헌 자료들이 있었다. 이는 20세기 인류문화사상의 중요한 발견이었다. 이렇게 발견한 보물들은 나중에 영국, 프랑스, 미국, 일본 등이 약탈하다시피해 지금은 여러 곳에 흩어져 있다.

중국 둔황문헌(敦煌文獻) 가운데는 전해내려오지 않는 변문(變文)이 가장 중요하다고 한다. 당(唐)나라 때 변문(變文)작품인데 변문의 명칭, 체제(體製), 변화의 흐름, 범위 등에 대해 중국 유수의 학자들이 고증을 하여 정리를 했다. 이후 왕중민(王重民) 등이 『돈황변문집(敦煌變文集)』 을 1957년 펴냈다. 변문을 연구하는 학자들은 이 문집의 도움 없이는 연구를 할 수 없을 정도로 독보의 위치를 차지하고 있다.

이 『돈황변문집』 가운데 '부모은중경강경문'(父母恩重經講經文)이 있는데 여기에 "전해 내려오는 경문에 이르기를, 부모가 자식을 낳아 돌보고 기르는 것이 천신만고이니, 추위도 애가 우는 소리도 결코 꺼리지 않는다.(前來經文說 父母種種養育 千辛萬苦 不憚寒喧)"라는 내용이 있다. 부모가 자식을 낳아 돌보고 기르는 것은 천 가지 매운 것과 만 가지 쓴 것을 맛보는 것과 같은 고생인데 결코 그 수고로움을 마다하지 않으니 부모의 은혜가 그만큼 크고 무겁다는 것을 일깨운 글이다.

여기서 천신만고(千辛萬苦)라는 말이 나왔다. 천 가지 매운 것과 만 가지 쓴 것이라는 뜻으로, 온갖 어려운 고비를 다 겪으며 심하게 고생하는 것을 비유하는 말이다. 천고만난(千苦萬難)·천난만고(千難萬苦)·만난신고(萬難辛苦)도 모두 같은 뜻이다.

千 : 일천 천, 辛 : 매울 신, 萬 : 일만 만, 苦 : 괴로울 고

57
"즐거운 일이 다하면 슬픈 일이 닥친다"

—

興盡悲來
(흥진비래)

왕발(王勃, 650~676)은 당나라의 시인으로 자는 자안(字安)이며 수나라 왕통(王通)의 후손이다. 어려서부터 총명하고 학문을 좋아했는데 아버지 친구 두역간(杜易簡)이 항상 그를 칭찬해 "왕씨 가문의 삼주수(三珠樹:나뭇잎이 모두 빛나는 구슬로 이뤄진 아름다운 나무)"라고 했다.

14살에 과거에 합격하여 조산랑(朝散郎)이 되었는데 패왕(沛王) 이현(李賢)이 왕발의 명성을 듣고 그를 불러 패부(沛府)의 수찬(修撰)으로 삼고 매우 총애하였다. 하지만 왕발은 모함과 질투를 받아 죄에 연루되고 그 화가 아버지에게까지 미치니 아버지 왕복치(王福峙)가 교지현령(交趾縣令)으로 좌천됐고, 왕발은 교지로 가서 부친을 뵙고 돌아오다 익사했는데 그 때 나이 겨우 27세였다. 검남(劍南)으로 가서 도독(都督) 염백서(閻伯嶼)를 위해 쓴 '등왕각서(騰王閣序)'와 시가 특히 유명한데 노조린 · 낙빈왕 · 양형과 함께 초당(初唐) 사걸(四傑)이라고 일컬어졌다.

왕발이 부친을 뵈러 남창(南昌)을 지날 때 도독 염백서(閻伯嶼)가 등왕각을 새로 보수하고 중양절(9월 9일)에 등왕각에서 큰 잔치를 베풀었다. 왕발이 앞에 나가 배알하자 일찍이 그의 명성을 들었던 염 도독은 연회에 함께 하도록 청했고, 연회가 무르익자 염 도독은 지필묵을 꺼내 글을 짓도록 청하니 왕발이 일필휘지로 쓴 것이 바로 '등왕각서'이다.

당시 모습을 '당재자전'(唐才子傳)에는 "왕발이 흔연히 객을 향해 붓을 잡아 글을 쓰는데 잠깐 사이에 완성하였다. 글이 더 이상 손볼 곳이 없어 모든 사람이 크게 놀랐다(文不加點, 滿座大驚)."라고 하였다. 글을 본 염 도독은 감탄을 하며 "이 사람은 진정 천재다. 당연히 드리워 언제까지나 전할 것이다(此眞天才, 當垂不朽)."라고 하였다.

"높은 하늘을 아스라이 바라보고 한가한 날을 마음껏 즐기노라. 하늘이 높고 땅이 넓으니 우주의 끝없음을 여기서 깨닫네. 흥이 다하고 시름이 생겨나니 차고 기욺이 정해진 운수 있음을 또한 알겠노라.(興盡悲來, 識盈虛之有數) 태양 아래 장안(長安)을 바라보고 구름 사이에 오회(吳會)를 가리킨다. 땅 형세가 다해 남쪽 바다는 깊고 하늘 기둥이 높아 북극성이 멀도다. 관산(關山)을 넘기 어려우니 누가 길 잃은 사람을 슬퍼해 줄 것인가. 부평초와 물이 서로 만난 듯하니 모두 타향의 손이로다."

'등왕각서'의 일부인데 여기서 흥진비래(興盡悲來)가 나왔다. '즐거운 일이 다하면 슬픈 일이 닥쳐온다는 뜻'으로 세상일은 다 순환되는 것임을 비유한다. 또 세상의 온갖 일에 너무 자만하거나 낙담하지 말라는 뜻도 있으며 흥망과 성쇠(盛衰)가 엇바뀜을 일컫는 말이기도 하다.

興 : 즐거울 흥, 盡 : 다할 진, 悲 : 슬플 비, 來 : 올 래

58
"이익을 보면 그것이 옳은가를 생각하라"

—

見利思義
(견리사의)

기업도 윤리경영이 강조되는 시대다. 기업의 목적이 아무리 이윤추구라지만 윤리를 저버려서는 안 된다. 이는 동서양을 막론하고 공감되는 것인데, 기업이 일찍부터 발달한 서구에서 윤리경영이 더욱 철저하다. 그래서 부자들이 존경을 받는다. 그 윤리경영이 이제 우리 기업에도 확산되고 있다.

서구에서 강조된 윤리경영이지만 동양에서도 그 뿌리를 찾아볼 수 있겠다. 그 예가 『논어』 '헌문편(憲問篇)'에 나온다. 자로(子路)가 스승인 공자(孔子)와 성인(成人 : 완성된 사람)에 관해 이야기를 하면서 요즘은 "이익을 보면 그것이 옳은 것인가를 생각하고, 위험에 직면하여서는 목숨을 바치고 오래된 약속도 평생토록 잊지 않으면 완성된 인간이라 할 수 있을 것입니다.(見利思義 見危授命 久要不忘平生之言, 亦可以爲成人矣)"라 하였다. 여기서 "견리사의(見利思義)"라는 말이 나왔다.

이 구절을 보면 공자의 위대성을 실감한다. 전쟁이 끊이질 않고 신하가 왕을 죽이는 하극상이 극심하던 시대, 대개는 부국강병으로 치달았으나 공자는 달랐다. 부국강병책으로는 세상의 어지러움만 부추긴다고 보았다. 그래서 仁(인)과 禮(예)를 강조했다. 그런 공자의 가르침을 받은 자로는 利를 보거든 의를 생각하라고 하였다. 이익만 찾아 날뛰는 세상, 견리사의의 지혜가 더욱 절실해진다.

見은 사람이 눈이 있어 볼 수 있음을 나타낸다. 視(시)는 자세히 들여다보고 그 내실을 알아낸다는 뜻이다. 觀(볼 관)은 살펴본다는 뜻이다. 같이 보는 거라도 차이가 있다.

利는 禾(벼 화)+刀(칼 도)로 되어 있어 낫으로 곡식을 베어 수확하는 뜻이다. '이롭다'는 의미 외에 '날카롭다'는 뜻이 있는데 '예리(銳利)'라고 쓸 때가 이에 해당한다. 義는 我(나 아)와 羊(양 양)이 결합된 회의자다. 양은 '새의 깃털로 장식한 모양'을 의미하여 본래는 나의 위엄을 나타내는 모습이 義이다. '옳다', '마땅하다'는 뜻으로 쓰인다.

見 : 볼 견, 利 : 이로울 이, 思 : 생각 사, 義 : 옳을 의

59
"별 차이가 없다"

—

五十步百步
(오십보백보)

위나라 혜왕(惠王)은 고민에 빠졌다. 백성을 위한다고 하는데 세상이 이를 알아주지 않는 것이다. 고심 끝에 맹자(孟子)를 초청하여 지혜를 구했다.

"부덕하나 나라 일이라면 여러 가지로 마음을 쓰고 있습니다. 하내 지방에 흉년이 들면 그 백성을 하동으로 옮기고, 하동의 양곡을 하내로 보냅니다. 하동이 흉작일 때도 그렇게 합니다. 이웃나라를 보면 이처럼 하지 않는데 이웃나라 백성이 줄지도 않고 우리나라 백성이 늘어나지도 않는 것은 무슨 까닭입니까?"

이에 맹자는 "왕이 전쟁을 좋아하니 전쟁에 비유하겠습니다. 전투가 시작되어 점차 치열해지자 병사들이 도망을 치는데 어떤 이는 백보쯤 가서 멎고 어떤 이는 오십 보 가다가 멈추었습니다. 오십 보 간 이가 자기 앞에 오십 보를 더 가 백보를 도망간 이를 비웃었다면 어떻게 생각하시겠습니까?" 하였다.

혜왕은 "그게 말이 됩니까? 백보만 못 되었을 뿐이지 도망 간 것은 마찬가지인데" 라고 하였다.

그러자 맹자는 이렇게 말했다.

"그걸 안다면 백성이 이웃나라보다 많기를 바라지 마십시오. 농사철을 어기지 않으면 곡식이 남아돌고, 고기 웅덩이에 자꾸 그물을 던지지 않으면 고기도 남아돌지요. 나무를 베어도 때를 가려 한다면 재목도 쓰고 남을 것입니다. 식량과 물고기가 넘치고 재목도 얼마든지 쓸 수 있으면 백성들이 살아가는 데 아무런 걱정이 없게 한 것이지요. 이것이 왕도의 출발인 것입니다."

맹자는 혜왕의 정책이 백성을 위한다고는 하지만 이웃 나라와 별 차이가 없고 차이가 있다면 도토리 키재기 같다고 보았다. 그까짓 선정을 베풀었다고 백성이 늘어나길 바라는 것은 웃기는 이야기다고 맹자는 보았다. 여기서 五十步百步(오십보백보)가 나왔다. 차이는 있으나 본질적으로는 같다는 말이다. 오십보소백보(五十步笑百步)라고도 하며, 대동소이, 또는 그것이 그것이다 하는 말과 통한다.

이렇게 보면 예나제나 인구가 많아야 국력도 강한 것같다. 지금 각 자치단체마다 인구 늘리기에 혈안이 되어 있는 것을 보면 그게 확실해진다. 맹자는 혜왕에게 "시절을 탓하지 않고 내 탓이요 한다"면 천하 백성들이 다 모여들거라 했다.

五 : 다섯 오, 十 : 열 십, 步 : 걸음 보, 百 : 일백 백

60
"아주 급하고 위험한 상태"

—

累卵之危
(누란지위)

전국시대 위(魏)나라에는 범저(范雎)라는 유세객이 있었다. 그가 위(魏)
나라 중대부인 수가(須賈)를 모시고 있었다. 수가의 종자로 제(齊)나라
에 간 적이 있었다. 제나라에서는 수가보다 범저의 능력을 인정하니 이
에 질투한 수가의 무함을 받았다. 위나라에 돌아온 수가는 범저를 고발
하였다. 범저는 억울하게 누명을 쓰고 위 정승 위제(魏齊)에게 죽을 뻔
했으나 겨우 살아나 이름을 장록(張祿)으로 바꾸고 숨어살았다.

얼마 후 진(秦)의 소왕(昭王)이 위에 보낸 사자 왕계(王稽)를 따라 진
나라로 갔다. 왕계는 범저가 현명한 사람임을 알고 소왕에게 추천했다.

"위나라에 장록이란 사람이 있는데 천하의 인재입니다. 그가 말하기
를 '진나라는 누란(累卵)처럼 위태합니다만 신(臣)의 말을 듣는다면 편
안할 것입니다. 그러나 서면(書面)으로 전할 수 없습니다'하기에 신이
일부러 태워가지고 왔습니다."

하지만 소왕은 유세객을 좋아하지 않아 범저를 부르지 않았다. 변설로 오히려 세상을 어지럽힌다고 생각하였던 것이다.

그 후 1년이 지나 과연 범저가 말한 대로 나라가 위태로워지자 소왕은 범저를 불러 크게 등용하였다. 범저는 소왕에게 원교근공(遠交近攻)의 대외정책을 제시하여 나라를 안정시켰다. 나중에 응(應) 땅에 봉해져 응후(應候)가 되었고 그를 죽이려 했던 위제를 자살하게 하였다.

범저는 훌륭한 후계자를 찾아 정승자리를 물려주고 은퇴하여 마지막 충성을 다하였다. 그가 연나라 사람 채택(蔡宅)인데 채택은 10여년 진에 머물러 마침내 통일왕조를 연 진 시황제까지 섬기었다. 시황제를 살해하려 한 연(燕)나라 태자 단(丹)을 진나라에 인질로 데려온 이가 바로 채택이었다. 이 이야기는 사마천의 『범저채택열전』에 나온다.

累卵之危(누란지위)는 여기서 나왔다. 누란(累卵)은 높이 쌓아올린 알이니 조금만 흔들리거나 충격을 주면 그대로 무너져 깨지고 만다. 이 얼마나 위태로운가.

累 : 쌓을 누, 卵 : 알 란, 之 : 어조사 지, 危 : 위태로울 위

61
"맑은 바람과 밝은 달을 대상으로
시를 짓고 흥취를 자아내어 즐겁게 논다"

—

吟風弄月
(음풍농월)

가을이 오면 저절로 마음이 여유로워진다. 들녘에는 황금물결이 일렁인다. 건들바람이 선들선들 부니 마음도 가벼워진다. 달도 날마다 조금씩 커진다.

이러한 때, 술이 없어도 노랫가락이 절로 나온다. 옛 사람들은 이를 두고 '吟風弄月(음풍농월)'이라 하였거니와 이제 그 흥취를 알겠다.

고려 때 이색이 쓴 '서경 풍월루기(西京風月樓記)'를 보면 "우리나라가 한가한 때를 당하여 정치와 형벌을 닦아 백성이 편하고 재물이 성하며, 강과 산이 맑고 화려하여 어디에서나 음풍농월하지 못할 곳이 없다."고 하고 "이 누는 한 부(府)의 승지(勝地)를 차지하고 있어서 손님이 이곳에 이르면 한 잔 올리며, 백 번 절하고 투호놀이하며 맑은 노래를 부를 적에 바람이 불면 몸이 서늘하고, 달이 뜨면 정신이 맑으며 좌우에는 연꽃이 향기로워 정경이 유연(悠然)하니 어찌 즐겁지 않으리오.

그것이 곧 태평 시대의 사람이 되는 것이다."고 하였다.

이 정도 음풍농월이라면 시쳇말로 참살이가 따로 없다. 하지만 그는 곧바로 경계하였다. "천하를 위하여 즐거워하고 천하를 위하여 조심하는 이가 아니면 이를 말할 수 없을 것이다. 그렇지 못하면 세월을 허송하여 의리를 해치고 교화를 상하게 하는 것이니, 군자로서 말하기를 부끄러워하는 바이다. 뒤에 오는 사람은 더욱 삼갈지어다."고 하였다.

음풍농월은 풍류를 읊고 달을 희롱하는 뜻이니 바람을 읊고 달을 보고 시를 짓는다거다. 시를 짓고 흥취를 내서 즐기는 것을 말한다. 이 성어는 당(唐)나라 범전정(范傳正)의 '한림백묘지명(翰林白墓誌銘)'에서 처음 나왔다.

날씨가 화창하고 풍경이 좋아도 시절이 평화롭지 않으면 음풍농월을 해서는 안 된다는 것이니 지금 세상은 음풍농월을 하여도 되는 때인가.

吟 : 읊을 음, 風 : 바람 풍, 弄 : 희롱할 롱, 月 : 달 월

62
"깊고 묘한 이치에 드는 관문"

―

玄關

(현관)

건물의 출입문이나 따로 달아낸 문간을 일러 '현관'(玄關)이라 한다. 한식집에서는 대개 '대문'이라고 하고 양식 건물이나 아파트의 문을 일컬어 현관이라 한다. 이 말이 원래 어디서 왔는가 살펴보았더니 불교에 근원을 두고 있다. 현관이라는 말은 불경 가운데 '구사론송소'(俱舍論頌疏) 등에 나오는 말로 현묘한 교에 들어가는 관문을 말한다. 불교에서는 玄關(현관)을 '깊고 묘한 이치에 드는 관문(關門), 보통 참선으로 드는 어귀'를 이른다. 또 선사(禪寺)의 작은 문을 일러 현관이라 한다.

이런 현관이 어떻게 주택의 입구를 뜻하는 말이 되었을까. 일본에서 나온 자료를 참조하니 그 연원은 중국에 있다. 불교가 들어온 뒤 후대에 중국에서는 선사의 문뿐만 아니라 서원(書院)의 입구를 현관이라 하였는데 유현(幽玄)한 논담(論談)이 오가는 방에 들어가는 것이 어렵다는 것을 비유한 것이라 한다.

149

서원의 명칭은 당(唐)나라 현종(玄宗) 때 궁중에 있던 서적(書籍)의 편수처(編修處)이던 여정전서원(麗正殿書院)·집현전서원(集賢殿書院)에서 유래한 것임을 감안한다면 아마도 당나라 때에 그러한 풍습이 생겼던 모양이다.

이것이 일본에 건너가 서원 건축의 한 양식이 되었고 나중에는 가옥의 일반시설이 되어 단순히 집의 입구만을 가리키는 말이 되었다고 한다. 그 후 일제강점기에 일본식 가옥이 우리나라에 세워지면서 현관이라는 말도 널리 퍼지게 되었을 것이다.

우리나라에서 제사를 지내는 사우(祠宇)와 유생을 가르치는 서재(書齋)를 함께 갖춘 서원이 등장한 것은 조선 1542년(중종 37) 경상도 풍기군수 주세붕(周世鵬)이 세운 백운동서원이 처음이다. 이때는 유교가 판을 치는 세상이라도 서원 입구를 현관이라 부르는 중국 풍속을 따르지 않았던 듯하다.

우리나라에서는 궁궐의 외문(外門)을 말할 때 '대문'이라 하였으니 동대문, 남대문, 서대문이 그것이다. 이를 따라 일반 주택에서도 '대문'이라고 하지 않았을까.

오늘도 현관을 들어오면서 깨달음의 경지를 생각한다.

玄:검을 현, 關:빗장 관

63
"불교 외 다른 도"

—

外道
(외도)

장수사회가 되면서 노인들의 성(性)이 문제가 되고 있다. 이전과는 달리 나이가 들어도 체력이 여전한 노익장이 늘어난 탓이다. 그에 반해 노인들의 성에 대한 사람들의 인식은 그다지 바뀌지 않았다. 이를 계속 개인 문제로 치부하고 덮어둔다면 큰 사회문제가 될 듯싶다.

그 뿐만 아니라 부부의 외도(外道)도 점점 심각해지는 추세다. 이로 인해 부부갈등과 이혼이 많아져 가족생활에 어두운 그늘을 드리우고 있다. 부부가 서로에게 충실하고 배우자로서 사랑하고 의무를 다하겠다는 서약이 무색할 지경이다. 요즘 우리가 흔히 불륜의 뜻으로 쓰는 外道는 본시 불교에서 나온 말이다.

불교 이외의 인도 바라문교나 중국의 노장사상 등을 말하며 불교 중에서도 진리에서 벗어난 이단, 사설과 그것을 설파하는 사람을 外道라 하였다. 또한 이러한 사람을 사악하고 추악한 얼굴로 새기기도 하였다.

외도 가운데는 '六師外道'(육사외도)가 대표적이다. 기원전 5~3세기 인도 우파니샤드 철학의 영향을 받아 형성된 사상 가운데 큰 세력을 차지했던 푸라나카사파, 마칼리고살라, 산자야벨라지푸타, 아지타케사캄발라, 파구타카자야나, 니간타나타푸타 이 여섯 유파를 말한다. 이들은 힌두교의 기본 경전인 '베다', '우파니샤드'와 매우 달랐고 불교가 이를 받아들이면서 '외도'라 하였다. 이는 불교를 정도(正道)로 보는 시각을 전제로 한 것이다.

정도와 외도를 구분하는 기준은 삼법인(三法印)이다. 삼법인이 있으면 정도이고 없으면 외도다. 불교의 삼법인은 제행무상(諸行無常), 제법무아(諸法無我), 열반적정(涅槃寂靜)을 말한다. 제행무상이란 어느 것도 고정된 것이 없이 덧없다는 말이다. 모든 것은 다 인연에 따라 잠시 모양을 이룬 것에 불과하다. 제법무아는 모든 존재는 '나'라는 것이 없다는 거다. 나라고 할 것이 없으니 내 소유라는 것도 있을 수 없다. 이렇게 이 세상은 허망 무상하지만 진실한 본체는 있으나 바로 영생불멸한 불성이고 열반이다. 열반적정은 우리가 모든 것을 초월하여 영생의 행복을 얻을 수 있다는 것이다.

시대가 변하여 지금 외도(外道)는 주로 불륜을 뜻하다. 본업 외에 다른 업을 찾아 나서는 것도 외도라 한다. 하지만 외도를 하여 결과가 좋은 건 많지 않다는 점도 유의해야 하겠다.

外:바깥 외, 道:길 도

64
"예로부터 드물다는 뜻으로 70세"

—

古稀
(고희)

나라가 어지러운데 정치가들이 하는 꼬락서니가 말이 아니다. 나라와 국민을 외면하고 사리사욕을 채우는 데 급급하다. 부패한 이들이 관직을 다 차지하여 청렴하고 유능한 이는 설자리가 없다. 바른 말을 하면 곧바로 귀양을 가거나 자리에서 쫓겨난다. 이러니 날마다 술이나 마실 수밖에. 당나라 시성(詩聖) 두보(杜甫)가 벼슬살이를 하던 때 정국이다.

'조정에서 돌아오면 봄옷을 저당잡혀

날마다 연못가 술집에서 만취하여 돌아온다

술빚은 흔히 있는 것, 어디 가든 있게 마련이니

(酒債尋常行處有)

인생이란 칠십 살기도 힘드니 실컷 마시고 놀 일이라

(人生七十古來稀)

153

꽃 사이를 뚫는 듯 나는 나비는 깊게깊게 보이는 듯 하고
물을 찍고 잠자리는 느리게 날고 있다
이 봄아! 풍경은 세월과 함께 끊임없이 변하는 것
짧은 인생이니 봄 경치를 마음껏 즐기다 갈 것이 아닌가.'

두보가 758년 봄에 쓴 '曲江二首'(곡강이수)라는 시다. 곡강은 당나라
수도 장안(長安:지금의 서안)의 동남쪽 끝에 있는 연못인데 그 남쪽에
부용원(芙蓉苑)이라는 궁원이 있었다고 한다. 그곳 경치가 아름다워 봄
에 꽃 구경 나온 사람들로 붐볐다고 한다. 당시 두보는 간관이었는데 소
인배들이 요직을 차지하고 있어 직책을 수행하기도 어려웠다. 그러니
날마다 강가 술집에 나가 없는 돈에 술을 마시고 울분을 토할 수밖에.
하지만 이런 우국지사를 용납하기가 어렵다. 몇 달 안되 그해 5월 두보
는 지금의 섬서성 화현(華縣)의 사공참군(司功參軍)으로 좌천당하고 만
다. 이로써 중앙 정치에서는 완전히 멀어지게 된다.
  이 시 人生七十古來稀(인생칠십고래희) '인생 칠십은 예로부터 드물
다'에서 '古稀'(고희)라는 말이 유래되었다. 이 나이에 되면 보기 드문
나이에 도달하여 장수하는 것으로 축하하였고 칠십 세를 달리 표현하
여 고희라 하였다.
  지금은 우리나라 평균수명이 78세에 달하니 인생칠십고래희는 옛 말
이 되었다. 확실히 장수사회다.

古:옛 고, 稀:드물 희

65
"환심을 사려고 아첨하는 태도나 기색"

—

秋波
(추파)

가을은 물결이 잔잔하고 아름답다. 물이 맑아 호수 밑까지 잘 보인다. 물 위로 낙엽이 떨어져 바람에 이리저리 가볍게 움직이는 걸 보면 참으로 아름답다. 이 아름다운 물결을 秋波(추파)라 한다. 가을에는 물이 사랑스럽다. 여름철 홍수처럼 피해를 주거나 위협적이지도 않다. 가을 호수는 잔잔하고 유리처럼 맑아 한 없이 들여다 보고 싶어진다. 가을날 호숫가에 앉아 바람에 가볍게 이는 물결을 보노라면 마음에 뭔가 일어난다. 가을에는 시를 쓰거나 노래를 하거나 그리운 이에게 편지를 쓰고 싶어진다.

사람의 얼굴 가운데는 사랑을 담아 이성의 관심을 끌기 위해 은근히 보내는 눈길이 있다. 이를 가을의 아름다운 물결에 비유하여 추파라고 한다. 그 가운데 젊은 여인의 은근한 눈길, 이 또한 매우 아름답다. 아무리 군자라도 이 추파에는 마음이 동한다. 다산 정약용 선생의 시에도 그런 내용이 있다.

"십일월 육일 다산의 동암 청재에서 혼자 자는데 꿈에 한 예쁘장한 여인이 나타나 추파를 던졌다. 나 역시 마음이 동했지만 잠시 지내다가 그를 보내면서 절구 한 수를 주었는데 꿈을 깨고 나서도 기억이 역력하였다. 시는 이러하다(十一月六日 於茶山東庵淸齋獨宿 夢遇一姝來而嬉之 余亦情動 少頃辭而遣之 贈以絶句 覺猶了了 詩曰) 설산 깊은 곳에 아름다운 한 송이 꽃(雪山深處一枝花)/ 연분홍 복사꽃 비단에 싸였는가(爭似緋桃護絳紗)/ 이내 마음 어쩌다가 금강철로 굳었거니(此心已作金剛鐵)/ 네가 비록 풍로라도 녹일 수가 있다더냐(縱有風爐奈汝何)."

꿈 속이니까 그 추파에 넘어가도 되련만 거기서도 차갑게 대하고 만다. 참으로 목석같은 마음이다. 마음이 동하여 내키는 대로 하는 사람은 소인이겠으나, 추파에도 흔들임이 없어야 어진 선비일 게다.

추파가 지나치면 아첨처럼 보일 수 있다. 환심을 사려는 의도가 너무 노골적으로 드러나기 때문일 게다. 그래서 추파에는 '환심을 사려고 아첨하는 태도나 기색'이라는 의미를 갖는다.

추파는 가을 물에 비친 맑은 햇빛, 여인의 아름다운 눈동자를 의미한다. 중국의 아동학습서인『유학경림(幼學瓊林)』2권 신체류(身體類)에 "가는 손가락은 봄 죽순과 같고 아름다운 눈길은 추파와 같다(纖指如春筍, 媚眼若秋波)"는 말이 나온다.

북송 때 소식(蘇軾)이 '백보홍(百步洪)'이라는 폭포를 보고 '백보홍'이라는 시 2수를 지었다. 제2수 중에 "아름다운 여인이 추파에 회답하지 않네, 유여(幼輿)여! 그녀와 말하고 싶으면 날아오는 북을 조심하게나(佳人未肯回秋波, 幼輿欲語防飛梭)라는 구절이 있다. 소식의 이 시로 인해 추파가 여자의 아름다운 눈동자가 가을 물과 같이 맑다는 뜻에서 유혹하는 의미를 담게 되었다.

유여는 누구인가?

진(晉)나라 사곤(謝鯤)이라는 관리가 있었다. 그가 사는 곳 이웃에 고씨(高氏) 중에 아름다운 여인이 있었다. 사곤이 고씨 딸을 유혹하려 하니 길쌈을 하던 그녀가 베틀의 북을 던져 사곤의 치아가 두 개 부러졌다. 사람들이 "제멋대로 계속 굴더니 유여가 끝내 이를 부러뜨렸다(任達不已 幼輿折齒)."라고 놀렸다. 사곤은 이 말을 듣고도 오연(午然)히 휘파람을 길게 불면서 "나는 그래도 나의 휘파람 부는 일을 계속해야겠다(猶不廢我嘯歌)."라고 응수했다. 유여(幼輿)는 사곤의 자이다.『진서(晉書)』49권 '사곤열전(謝鯤列傳)'에 나온다.

추파송정(秋波送情)이라 하면 추파로 정을 보낸다는 뜻이다.『삼국지연의(三國志演義)』제8회에 '여포가 기뻐서 어쩔 줄 모르며 자주 초선에게 눈길을 주니 초선 또한 추파로 정을 보냈다(布欣喜無限, 頻以目視貂蟬. 貂蟬亦以秋波送情.)'는 내용이 있다.

秋 : 가을 추, 波 : 물결 파

157

66
"부정부패가 끊임없이 일어나는 근거지"

—

伏魔殿
(복마전)

부정부패 척결을 외치지 않는 정부가 없고 세상의 악을 바로잡으려 하지 않은 정치가가 없건만 세상은 늘 어지럽기만 하다. 권력이 가는 곳에 부정부패도 함께 따라가는 법, 그래서 늘 견제하고 투명하게 일을 처리하도록 하는 것이다. 보이지 않은 어두운 곳일수록 썩기 쉽다.

송(宋)나라 인종(仁宗, 1010~1063) 때 전염병이 심하게 돌았다. 곳곳에서 백성들이 죽어나가자 인종은 신주(信州) 용호산(龍虎山)에서 수도하는 장진인(張眞人)에게 기도를 올리도록 사람을 보냈다. 그의 도력으로 전염병을 퇴치하기 위함이었다.

장진인에게 간 이가 홍신(洪信)이라는 신하. 이 자는 쓸데없이 호기심이 많고 고집이 상당히 있었던 모양이다. 이곳저곳 용호산을 구경하다가 '복마지전'(伏魔之殿)이라는 현판이 걸린 전각을 보았다. 안내인에게 들으니 옛날에 노조천사(老祖天師)가 마왕을 물리친 신전으로, 마왕

108명을 가둔 곳이라 함부로 열어서는 안 된다고 하였다.

하지만 홍신은 호기심이 더욱 발동하였다. 열어서는 안 된다고 애원하는 안내인을 협박하여 문을 여니 그 안에 석비가 있었다. 그 뒷면에 '홍이 문을 연다'라는 글이 있었다.

바로 홍이 자신을 가리킨다고 생각한 홍신은 신이 나서 석비까지 파내라고 명령했다. 한참 파내어 들어가자 갑자기 굉음과 함께 검은 연기가 치솟다가 사방으로 흩어져 버렸다. 이에 놀라 사람들이 모여들어 크게 걱정을 했다. "큰일을 저질렀군요. 가두어 둔 마귀들이 떼로 세상으로 나왔으니 머지않아 나라에 큰 소동을 일으킬 겁니다."

1121년 송강(宋江)이 농민반란을 일으킨 사건으로 증명되었다. 시내암의 『수호전』에 나온 이야기다.

겉으로 드러나지 않는 악의 소굴이 복마전이다. 흔히 부정부패, 비리의 온상지를 보통 복마전이라고 한다.

복마전이 없어야 좋은 세상이 될텐데….

伏 : 엎드릴 복, 魔 : 마귀 마, 殿 : 전각 전

67
"강남의 귤을 강북에 심으면 탱자가 된다"

—

南橘北枳

(남귤북지)

중국을 남북으로 여행해보면 기후와 풍토가 크게 다르다는 걸 느끼게 되는데 북쪽에서 털옷을 입고 출발하여 하나하나 갈아 입고 남쪽에서는 여름옷을 입는다고 한다. 여름에 절강성 등 강남지역에 가보면 가볍고 시원한 비교적 노출이 많은 옷을 즐겨 입는다. 강북에 사는 사람들이 강남에 와서 이런 모습을 처음 보면 이해를 못한다고 하지만, 여름 한철만 지나고 보면 강북 사람들도 너무나 덥기 때문에 그렇게 하지 않을 수 없다.

몇 년 전 여름 중국을 방문했을 때 정장차림이 아닌 간편복으로 와달라는 특이한 요청을 받았다. 우리가 정장을 하고 가게 되면 맞이하는 쪽에서도 정장차림을 해야하는데 그러기에는 날씨가 더웠다. 그래서인지 양복에 넥타이를 한 사람들은 거의 없었고, 우리도 현지에 적응하여 간편복으로 입었다. 강남의 귤을 강북에 옮겨 심으면 탱자가 된다는 말을 실감하였다.

南橘北枳(남귤북지), 강남의 귤을 강북에 옮겨 심으면 탱자가 된다. 귤화위지(橘化爲枳)라고도 한다. 이것으로 나라의 위신을 크게 세운 사람이 있으니 바로 춘추시대 제나라의 명재상 안자(晏子)이다. 안자가 어느 해 초(楚)나라에 사신으로 갔다. 초 영왕(靈王)이 키가 작은 그를 비웃더니 도둑질한 제나라 사람을 끌어내 제나라 사람은 도둑질을 잘한다고 안자에게 무안을 주었다. 이에 안자는 이렇게 대답했다.

"귤이 회남(淮南)에서 나면 귤이 되지만, 회북(淮北)에서 나면 탱자가 된다고 들었습니다(橘生淮南則爲橘 生于淮北爲枳). 그러한 까닭은 무엇이겠습니까? 물과 땅이 다르기 때문입니다. 지금 백성들 중 제나라에서 나고 성장한 자는 도둑질을 하지 않습니다. 그런데 초나라로 들어오면 도둑질을 합니다. 초나라의 물과 땅이 백성들로 하여금 도둑질을 잘하게 하는 것입니다."

영왕은 안자에게 사과했다. 『안자춘추(晏子春秋)』 '내편 잡하(內篇 雜下)'에 나오는 이야기다. 남귤북지(南橘北枳)는 남쪽의 귤이 북쪽에 가면 탱자가 된다는 뜻으로 환경이 바뀌면 사물의 성질도 바뀌는 것을 비유한다. 『주례(周禮)』 고공기서(考工記 序)에서 유래한 회귤위지(淮橘爲枳:귤이 회수를 건너 북으로 가면 탱자가 된다)도 같은 뜻이다.

이렇듯 환경과 풍토가 다르면 사물의 성질이 달라지는데 지금 우리는 외국에서 좋다고 무조건 받아들이고 있는 것은 아닌지 생각해볼 일이다.

南:남녘 남, 橘:귤 귤, 北:북녘 북, 枳:탱자나무 지

68
"다른 나무가 맞닿아 서로 결이 통하게 된 나무"

—

連理枝
(연리지)

중국 안휘성 황산에 가면 두 나무가 붙어있는 모양을 볼 수 있다. 이를 '단결송'(團結松)이라 이름하여 많은 사람들이 그곳에서 기념촬영을 한다. 거의 비슷한 크기와 굵기의 소나무 두 그루가 이어진 모양이 마치 서로 의가 맞아 한 뜻으로 단결한 듯 보인다. 이런 나무를 대개는 '連理枝'(연리지)라 하는데 황산에서는 다른 의미를 부여했다.

후한(後漢)의 채옹(蔡邕, 132~192)은 이름난 효자였다. 병석에 있는 어머니를 간호하느라 3년간 관복을 제대로 벗지도 못했다. 모친의 병이 더욱 심해지자 옹은 70일간 편하게 누워 본 적이 없었다. 끝내 어머니가 사망하자 옹은 사후에도 무덤 옆에 초막을 짓고 예법에 따라 시묘살이를 하였다.

그후 옹의 방 앞에 나무 두 그루가 자랐는데 점차 서로 붙어 나중에는 나무결까지도 하나가 되었다. 이를 기이하게 여겨 많은 사람들이 보러 왔다.(又木生連理 遠近奇之 多往觀焉) 채옹의 지극한 효에 나무도 감복한 것일까.『후한서』'채옹열전'에 나오는 이야기다. 이때는 連理가 '효도'를 의미하는 것이었다.

세월이 흘러 효도를 의미하던 연리가 점차 부부간의 사랑을 상징하는 것으로 바뀌었다. 대표적인게 당나라 시인 백거이(白居易)이가 쓴 '장한가'(長恨歌). 이 시 가운데는 당 현종과 양귀비가 서로 맹세하는 내용이 있다.

"7월7일 장생전에서(七月七日長生殿)/ 깊은 밤 남 모르게 한 약속(夜半無人和語時)/ 하늘에서는 원컨대 비익의 새가 되기를(在天願作比翼鳥)/ 땅에서는 바라건대 연리지가 되기를 원하네(在地願爲連理枝)."

비익조(比翼鳥)는 날개가 하나밖에 없는 새라고 한다. 두 마리가 나란히 합쳐야 비로소 날 수 있다고 한다. 이렇게 연리와 비익조는 부부간의 깊은 애정을 비유하는 말이다. 지금은 연리지의 뜻이 더욱 확대되어 남녀간의 뜨거운 사랑을 상징하는 말로 널리 애용되고 있다. 한류스타 최지우 주연의 영화 '연리지'를 2006년 김성중 감독이 제작하여 개봉한 바 있다.

連:이을 연, 理:다스릴 리, 枝:가지 지

69
"원대한 사업이나 계획"

—

鵬程萬里
(붕정만리)

물고기가 변하여 새가 된다. 북쪽 바다에 물고기가 사는데 그 이름을 곤(鯤)이라 한다. 그 크기가 몇 천리나 되는지 알지 못한다. 그것이 변화해서 새가 되니 그 이름을 붕(鵬)이라 한다. 이 붕의 등 넓이도 몇 천리나 되는지 알지를 못한다. 이 새가 한번 기운을 내어 날면 그 날개는 마치 하늘에 드리운 구름과 같다. 이 새는 바다 기운이 움직일 때 남쪽 바다로 옮겨가려고 하는데 남쪽 바다란 천지(天池)를 말한다.

'제해'(齊諧)란 기이한 것을 적은 것으로 거기에 이런 말이 있다.

'붕새가 남쪽 바다로 옮겨갈 때에는 물결을 치는 것이 3천리요, 회오리바람을 타고 9만리나 올라가 6개월을 가서야 쉰다.'

『장자(莊子)』의 첫 편인 '소요유'(逍遙遊)편 첫 머리에 나오는 내용이다. 20여 년 전 처음 읽었을 때 쉽게 와 닿지 않은 부분이었다. 과장법과 우화같은 내용들이 많았다. 직설적으로 이건 이렇고 저건 저렇다고 이야기를 하면 얼른 공감이 가련만.

뒤에 두고두고 읽을수록 장자가 말하는 그 무한한 세계에 빠져 들어 갔다. 상식을 뛰어넘는 초월적인 무한의 세계를 물고기와 새를 통해 표현해 내는 솜씨에 반했던 거다. 곧이어 매미와 메까치의 비웃음을 통해 붕새의 높은 뜻을 극명하게 대립시킨 것도 탁월했다.

"우리는 높이 솟아올라 느릅나무나 박달나무가 있는 곳까지 가려해 도 때로는 이르지 못하고 땅바닥에 떨어지고 마는데 어째서 구만리나 올라가서 남쪽으로 날아가려고 하는 거지? 가까운 곳에 가는 자는 세 끼만 먹고 돌아와도 배가 여전하지만, 백리를 가는 사람은 전날 밤부터 양식을 준비해야 하고 천리를 가는 자는 3개월 동안의 양식을 준비해야 하는 법이니 이 두 마리 벌레들이 또한 무엇을 알겠는가?"

鵬程萬里(붕정만리), 붕새가 만 리를 간다. 뭣 때문에? 영혼의 자유를 위하여. 지금은 붕정만리라 하면 보통 사람으로는 상상도 할 수 없는 원대한 사업이나 계획을 비유하는 말이 되었다.

鵬:붕새 붕, 程:단위 정, 萬:일만 만, 里:리 리

70

"빛을 부드럽게 하고 더러움과 함께 한다"

—

和光同塵

(화광동진)

지식을 많이 쌓았으나 덕이 따르지 못하면 지식이 칼이 될 수 있다. 지식이 칼로 쓰일 때는 남을 해칠 뿐만 아니라 종내는 자신도 망치고 만다. 그런 예를 지금도 수시로 본다.

노자(老子)는 일찍이 말했다. "도는 만물의 예리한 끝을 꺾고 만물의 얽혀있는 것을 풀고 만물의 지나친 빛을 부드럽게 하고 그 더러움과 함께 한다.(挫其銳, 解其紛, 和其光, 同其塵)"

노자는 도의 본체는 공허하나 그 작용은 항상 무궁무진하다고 했다. 도는 심오하여 잘 알 수가 없으나 만물을 생육화성하여 마치 만물의 근본인 종주와 같다는 것이다. 그러므로 인간의 일방적인 가치 설정이나 예리하게 남을 찌르거나 파고들 듯한 자기 주장은 도 앞에서는 무디어지고 가시를 잃게 된다.

자기 주장이 강하면 자기를 높이거나 명예를 내걸고 그 빛이 남을 눈부시게 하는 수가 있으나 도는 그러한 일방적인 빛을 인정하지 않고 부드러운 조화 속에 고르게 밝혀준다. 그렇지만 도는 홀로 초연하게 있지 않고 만물의 더러움과 함께 조화를 이루고 고르게 밝혀준다. 이 내용은 『노자(老子)』제4장 무원(無源)에 나온다. 제56장에도 다시 나오는데 그 내용은 이렇다.

"아는 사람은 말하지 않고, 말하는 사람은 알지 못한다. 그 이목구비를 막고 그 문을 닫아서, 날카로운 기운을 꺾고, 그 얽힌 것을 풀고, 그 날카로운 빛을 부드럽게 하고(和其光), 그 더러움과 함께하니(同其塵) 이것을 현동(玄同)이라 한다. 그러므로 친해질 수도 없고, 소원해지지도 않는다. 이롭게 하지도 않으며, 해롭게도 하지 못한다. 귀하게도 할 수 없으며, 천하게 할 수도 없다. 그러므로 천하에 귀한 것이 된다."

和光同塵(화광동진)은 여기서 나왔다. 빛을 부드럽게 하고 더러움과 함께 한다는 뜻이다. 즉 자신이 가지고 있는 지혜와 재기를 감추어 밖으로 드러내지 않으면서 여러 사람과 어울려 참된 자신을 보여준다는 말이다. 또는 부처가 중생을 구제하기 위하여 그 본색을 숨기고 인간계(人間界)에 나타남을 이르는 말이기도 하다.

和:화합할 화, 光:빛 광, 同:함께할 동, 塵:티끌 진

167

71

"교활한 토끼가 잡히면
충실했던 사냥개도 쓸모가 없어져 잡아먹게 된다"

—

兎死狗烹

(토사구팽)

한(漢)의 유방(劉邦)과 초(楚)의 항우(項羽)와의 싸움에서 한신(韓信)은 유방이 승리하는 데 큰 공을 세웠다. 천하를 통일하자 유방은 공이 많은 한신을 초왕(楚王)으로 봉했다. 그때 항우의 장수였던 종리매(鐘離昧)가 옛 친구인 한신에게 몸을 의탁했다.

이를 안 유방은 한신에게 종리매를 체포하도록 명령을 내렸다. 일찍이 전투에서 종리매에게 큰 고초를 당해 그를 미워했기 때문이다. 하지만 한신은 차마 옛 친구를 배반할 수 없어 그 명령을 따르지 않고 도리어 그를 감쌌다. 한신은 봉국에 온 지 얼마 안 되어서 현읍을 순행할 때면 군대를 동원했다. 이에 "한신이 모반한다"고 고한 자가 있어 유방은 운몽(雲夢)에 행차하고 제후들을 초나라 서쪽 경계인 진(陳)나라에 모이게 했다. 실은 한신을 습격하기 위한 것이었다.

이를 모른 한신은 자신에게 아무런 잘못이 없다고 생각하여 자진해서 배알하려고 했으나 사로잡힐 것을 우려했다. 그러자 평소에 술수가 남다른 가신이 한신에게 속삭였다.

"종리매의 목을 가지고 뵙는다면 천자도 기뻐하시리다."

한신이 종리매와 의논하니 종리매는

"유방이 초를 침범하지 못하는 것은 제가 공과 함께 있기 때문입니다. 만약 나를 체포하여 스스로 한나라에 잘 보이려 한다면 나는 오늘 죽습니다. 그러나 공도 또한 망할 것입니다. 공은 장(長)이 될 그릇은 아니군요."하고는 스스로 목을 쳐 죽었다.

한신은 종리매의 목을 가지고 유방에게 가자 유방은 한신을 포박하게 했다. 한신은 이렇게 말했다.

"과연 사람들의 말과 같구나. 교활한 토끼가 죽고 나면 좋은 사냥개는 삶아지고 높이 나는 새가 없어지면 좋은 활을 치워버리며, 적국이 타파되면 모신도 망한다. 천하가 평정되었으니 나도 마땅히 내가 삶아지는 건 당연한 것이로다."(果若人言 狡兎死良狗烹 飛鳥盡良弓藏 敵國破謀臣亡 天下已定 我固當烹)

『사기(史記)』 회음후열전(淮陰侯列傳)에 나온다. 兎死狗烹(토사구팽)은 여기서 나왔다. 토끼 사냥이 끝나면 좋은 사냥개도 쓸모가 없어져 잡아먹게 된다는 뜻이다. 필요할 때는 요긴하게 쓰지만 쓸모가 없게 되면 헌신짝처럼 버리는 것을 비유한다. 한신은 죄를 용서받았으나 초왕에서 회음후로 격이 낮아졌다. 그후에 끝내 죽임을 당했다.

兎:토끼 토, 死:죽을 사, 狗:개 구, 烹:삶을 팽

72

"이러지도 저러지도 못하는 곤란한 상황"

—

鷄肋

(계륵)

닭고기를 먹다 보면 그것도 갈비가 있다. 하지만 뼈만 많고 먹을 만한 게 없어 공연히 입만 수고한다. 그렇다고 버리기도 아깝다. 이와 관련된 이야기가 소설 『삼국지』에 나오는데 원래는 『후한서(後漢書)』 양진(楊震) 열전 가운데 양수(楊脩)편에 나온다. 양진은 양수의 고조부로 '사지'(四知)라는 고사의 주인공이다. 양수는 호학준재(好學俊才)라 당시 승상이었던 조조(曹操)가 주부(主簿)로 발탁하여 썼다.

후한 헌제(獻帝) 건안 24년 한왕조가 몰락하고 위촉오 삼국이 일어설 무렵, 위(魏)의 조조는 촉의 유비(劉備)와 한중(漢中)을 놓고 역사적인 쟁탈전을 벌였다. 그러나 생각과는 달리 싸움이 오래 가 나아가기도, 물러나기도 어렵게 되었다.

어느 날 저녁, 식탁에 계탕이 올라왔다. 먹자 하니 먹을 게 없고 버리자니 아까운 닭갈비를 보니 조조는 꼭 자기 처지를 말하는 것 같았다.

이때 그의 장수 하후돈이 암호를 하달해 달라고 하니 조조는 무심코 '계륵'(鷄肋)이라 하였다. 부하들은 무슨 뜻인지 아무도 몰랐다. 양수는 '계륵이라 먹어도 소득이 없고 버리자니 아깝다. 공이 돌아갈 결심을 한 게로군'하고 짐을 싸기 시작했다. 과연 조조는 철군하였다. 여기서 나온 鷄肋은 먹기도 그렇고 버리기는 아까운 것이니 이를 세상 일에 빗댄다면 이러지도 저러지도 못하는 곤란한 상황을 뜻한다.

이렇게 잘난 양수는? 출세가도를 달렸을까? 결론부터 말하면 제명대로 살지 못했다. 똑똑한 양수는 조조가 업무에 관해 물어볼 것에 대비해 미리 답변을 만들어 준비했다. 과연 그게 효과를 발휘했다. 이 같은 일이 세 번 반복되자 조조는 빠른 것을 이상하게 여기고 그 연유를 살폈다. 실태를 알고는 양수를 꺼리기 시작했다. 게다가 양수는 조조가 적대시하는 원술(袁術)의 생질이었다. 이에 조조는 후환을 우려하여 트집을 잡아 양수를 처형하고 말았다. 양수는 재주는 뛰어났으나 순진했다고 한다.

금자에는 닭갈비도 훌륭한 식재료다.

鷄:닭 계, 肋:갈비 륵

73
"점을 칠 때 쓰는 산가지를 넣는 통"

—

算筒

(산통)

새해를 맞이하면 올해는 내 운명이 어떻게 될지 궁금해진다. 그럴 때 나 이든 분들은 토정비결, 사주를 보거나 점을 치기도 한다. 이를 '신수(身 數)를 본다'고 한다. 전에 농촌에서는 설을 쇠고 나서 보름 안에 일 년 신수를 보러 가는 것이 일이었다. 액을 피하고 한 해를 행복하게 살아보려는 마음에서 그것들을 활용하는 것일 게다. 금자에는 뭉뚱그려 '점'으로 표현하는 경향이 있지만, 토정비결, 사주 점은 각각 다르다.

점을 치는 것 중에 산통점(算筒占)이라는 게 있다. 이 점법은 산통(算 筒)에 산목(算木) 또는 산가지를 여덟 개 넣어 두고 뽑아서 효(爻)를 얻 고, 괘(卦)를 만들어 역서(易書)에 적힌 괘문(卦文)으로 길흉화복을 판 단하는 것이다. 효는 역의 괘를 나타내는 가로 그은 획이다.

' - '을 양(陽), '--'을 음(陰)으로 한다.

산통은 금속으로 만들거나 나무의 속을 깎아 만든다. 혹은 조롱박의 속을 파내서 공동을 만들어 여기에 산목 또는 산가지를 넣는다. 산목은 여덟 개를 향목이나 금속으로 만든다. 산목에는 1에서 8까지 눈금을 새긴다.

산통점은 괘를 얻는 게 중요하다. 점치는 이는 산통을 흔들어 산목이 잘 섞이게 한 다음 산통에서 산목을 하나씩 꺼내 새겨진 눈금을 읽어 효(爻)를 얻는다. 이렇게 여섯 번 되풀이 하여 괘를 만들어 그 괘에 대한 역서의 괘문을 풀이하는 것이다. 이는 음양과 역학의 원리를 적용한 작괘점(作卦占)의 일종이다.

산통은 작괘를 하는 데 없어서는 안 될 중요한 도구다. 그런데 이게 깨지면 어떻게 될까. 점쟁이가 본업인 점을 치지 못하게 되는 것이다. 여기서 '산통 깬다'는 말이 나왔다. 점칠 수도 없게 되어 속수무책으로 다 틀렸다는 뜻이다.

흔히 "산통이 깨지다"고 한다. 다 잘되어 가던 일이 뒤틀리다는 뜻이다. 이 말을 들을 때마다, 점을 치러 온 사람을 앞에 두고 산통이 깨져 어찌할 바를 모르는 점쟁이의 모습이 떠오른다. 특히 점치러 온 자가 권력자와 관계된 것이라면? 그런 낭패도 없다. 제발 산통이 깨지는 일이 없어야 하겠다.

算: 셀 산, 筒: 대롱 통

74
"가혹한 정치는 호랑이보다 더 무섭다"

—

苛政猛於虎

(가정맹어호)

공자(孔子)가 산동성 제남부 태안현에 있는 태산을 지날 때였다. 한 부인이 무덤 앞에서 곡을 하며 슬퍼했다. 공자는 수레를 멈추어 그 울음소리를 듣고는 제자 자로(子路)더러 사연을 묻게 했다.

"울음소리를 들으니 매우 애통하고 근심이 있는 사람인 듯 합니다. 무슨 곡절이 있습니까?"

자로가 물으니 부인이 대답하였다.

"맞습니다. 전에 시아버님이 호랑이에게 물려 죽었고 내 남편도 또 죽었습니다. 그리고 지금은 내 아들이 또 죽었습니다."

자로가 그와 같이 전하자 공자는 또 묻게 하였다.

"그럼 이렇게 위험한 곳을 왜 떠나지 않는 것이오?"

부인은 이렇게 대답했다.

"이 지방에는 가혹한 정치가 없으므로 다른 곳으로 떠나지 않습니다.”

공자가 이 말을 듣고 제자에게 일러 말하기를

“제자야, 이것을 마음에 새겨 두어라. 가혹한 정치는 백성에게 호랑이보다 더 무섭다는 것을.”(小子識之 苛政猛於虎也)

상례(喪禮)의 전문가로 많은 상가를 오갔던 공자가 무덤 앞에서 우는 여인에게 연유를 묻는 건 흔한 일이 아니다. 그 무덤은 아들의 묘였을 것이다. 가슴에 아들을 묻고 우는 울음, 생각하면 이 여인이 얼마나 슬퍼했는지 짐작이 간다. 가족 셋이 변을 당한 곳을 당장 떠나련만 이 여인은 떠나지 않는다. 다른 지역은 정치가 가혹한데 이곳만은 그렇지 않기 때문이다.

『예기(禮記)』 단궁하(檀弓下)편에 나오는 이야기, 정치인이나 정치에 몸을 담으려는 이는 늘 가까이 하여야 한다.

가정맹호(苛政猛虎), 번형중부(繁刑重賦)도 비슷한 뜻이다. 번형중부는 송(宋) 소동파의 『동파지림(東坡志林)』 5권에 나오는데 가혹한 형벌과 무거운 세금을 의미한다.

苛 : 사나울 가, 政 : 다스릴 정, 猛 : 사나울 맹, 於 : ~보다, 虎 : 범 호

75
"아무리 미천한 사람이라도 한 가지 재주는 다 있다"

—

鷄鳴狗盜

(계명구도)

서로 패권을 잡기 위해 전쟁을 치열하게 벌이던 전국(戰國)시대, 각 나라마다 인재 확보에 심혈을 기울였다. 그중에서 제(齊)의 맹상군(孟嘗君)은 식객을 우대한 것으로 유명한데 그를 따르는 이가 3,000명에 이르렀다고 한다.

기원전 299년 맹상군은 강국인 진(秦)에 사신으로 갔다. 진의 소왕은 맹상군을 보고는 재상으로 영입하려 했으나 신하들의 반발이 심해서 대신 맹상군을 붙잡아 놓고 틈을 타서 죽이려 했다. 맹상군이 소왕의 애첩에게 도움을 요청했더니 애첩은 맹상군의 여우가죽으로 만든 고급 옷인 호백구를 원했다. 호백구는 천금(千金)이나 나가는 천하에 둘도 없는 것. 이것은 이미 소왕에게 헌상해버린 터라 난감했다.

이에 좀도둑 명수라는 사나이가 한밤중에 개의 흉내를 내면서 궁중 창고에서 호백구를 훔쳐가지고 나왔다. 이것을 받은 애첩은 소왕에게 간청하여 맹상군을 석방했다. 맹상군은 진나라를 벗어나고자 성과 이름을 바꾸어 서둘러 달려가니 국경인 함곡관(函谷關)에 도달한 것이 한밤중이었다. 한편 소왕은 맹상군을 석방한 것을 후회하고 곧바로 추격대를 보냈다. 당시 관법(關法)은 첫닭이 울어야 문을 열게 되어 있었다. 맹상군은 속이 탔다. 추격대가 뒤쫓아오는데 문이 열리는 시간은 아직 멀었다. 이에 식객 중 닭울음소리를 잘 내는 이가 있어 그가 닭소리를 내자 인근의 닭이 모두 따라 울었다. 드디어 관문이 열리고 맹상군은 무사히 탈출하였다.

처음에 맹상군이 이 두 식객을 다른 빈객들과 동일하게 대우하자 빈객들이 수치스럽게 생각했지만 맹상군이 진에서 어려움을 당하자 이 두 사람이 그를 구했던 것이다. 이에 다른 빈객들이 다 승복하였다.

여기서 '鷄鳴狗盜'(계명구도)라는 말이 나왔다. 닭의 울음소리는 잘 내고 개의 흉내를 잘 내 좀도둑질을 잘한다는 것이니, 아무리 미천한 사람이라도 한 가지 재주는 다 있다는 의미다. 작은 재주라도 긴요하게 쓰일 수 있는 사회가 좋은 곳이 아닐지. 계명구도라는 말은『사기(史記)』맹상군전(孟嘗君傳),『한서(漢書)』유협전(遊俠傳)에 나온다.

비슷한 뜻으로 방문좌도(旁門左道)라는 말이 있다. 방문은 옆에 달린 작은 문으로 정문(正門)이 아닌 것을 말하며 좌도(左道)는 정도(正道)가 아닌 사도(邪道)를 말한다. 방문좌도는 원래 정통종파가 아닌 종파를 지칭했는데 나중에 정통이 아닌 학술, 정통이 아닌 물건을 가리킨다. 명(明) 허중림(許仲琳)의『봉신연의(封神演義)』에 나온다.

鷄:닭 계, 鳴:울 명, 狗:개 개, 盜:도둑 도

76
"나이 이십 세"

—

弱冠
(약관)

일생을 살아가는 동안 건강과 생각이 대개 10년 단위로 변하는 듯하다. 어려서는 그 변화를 잘 모르다가 나이가 30대에서 40대로 넘어갈 무렵에 문득 인생을 돌아보게 된다. '아아! 나도 이제 반환점을 도는구나' 이런 생각이 절로 드는 것이다.

사람이 태어나서 열 살이 되면 유(幼)라고 하는데 이때는 학문을 한다. 스무 살이 되면 약(弱)이라 하는데 관례(冠禮)를 한다. 30세가 되면 장(壯)이라 하여 아내를 맞는다. 마흔 살을 강(强)이라 하며 벼슬에 나간다. 50세를 애(艾)라 하며 국가의 정사를 맡는 시기다. 예순 살을 기(耆)라 하며 일을 지시하여 사람을 부리는 시기이다. 칠십은 노(老)라 하는데 집안 일을 자식에게 넘겨주고 은거한다. 팔십, 구십을 '모(耄)'라 하고 일곱 살을 도(悼)라고 하는데 耄와 悼는 죄가 있어도 벌을 주지 않는다. 백세를 '기(期)'라고 하는데 봉양받는 것밖에 할 일 없다.

(人生十年曰幼, 學, 二十曰弱, 冠. 三十曰壯, 有室. 四十曰强, 而仕. 伍十曰艾, 服官政. 六十曰耆, 指使. 七十曰老, 而傳, 八十九十曰耄, 七年曰悼, 悼與耄, 雖有罪, 不加刑焉, 百年曰期, 頤.)

이 내용은『예기(禮記)』의 곡례(曲禮) 상에 나오는 내용으로 이 가운데 지금도 널리 쓰이는 단어가 약관이다. 관은 관례, 성인이 되어 성인식을 했다는 것이나 아직도 강장(强壯)하지 못하기 때문에 약하다. 그래서 20세를 가리켜 약관이라 하는 것이다. 100세를 기(期)라 한 것은 사람의 수명을 1期를 100살로 삼아 期라 한 것이다. 음식, 거처, 거동 어느 것 하나 봉양을 받지 않을 수 없으니 봉양을 받는다(頤)고 한 것이다.

일곱 살을 도(悼)라고 하는데 사람들이 애처롭게 여긴다는 뜻에서 '애처로울 도'를 써서 부른다. '미운 일곱 살'은 나중에 생긴 말일까,『예기』가 나온 시기에는 애처롭게 보았다. '도'와 '모'는 비록 죄가 있어도 형벌을 가하지 않는다고『예기』에 기록되어 있다. 그러니까 일곱 살 이하와 80세 이상은 죄를 지어도 벌을 주지 않는다는 것이다. 정신이 혼미해지고 잊기를 잘하는 것을 가리켜 '모'라 한다. 일곱 살 아이들은 아직은 사리분별을 제대로 가려서 행동할 줄 모른다. 그런 까닭에 옛 사람들은 그것을 감안하여 형벌을 집행했다는 것이『예기』에 반영되었다.

늘어서도 정신이 맑고 기억이 좋으려면 젊어서 몸과 마음을 닦을 일이다.

弱:약할 약, 冠:갓 관

179

77
"천명을 아는 나이 오십"

—

知天命
(지천명)

나이를 뜻하는 한자말이 많다. 나이 마흔을 일러 '불혹(不惑)'이라 하는
것이 그것이다. 이를 한번 살펴보자.

　공자가 말하였다. "나는 열다섯에 학문에 뜻을 두었고 서른에 자립하
였고 마흔 살에는 의혹되지 않았고 쉰 살에는 천명을 알았고 예순에는
귀로 들으면 순순히 이해되었고 일흔 살에는 마음이 하고 싶은 것을 해
도 법도를 넘지 않았다."(子曰 吾十有五而志于學, 三十而立, 四十而不惑,
五十而知天命, 六十而耳順, 七十而從心所欲, 不踰矩.)

　『논어』위정(爲政)편에 나오는 공자 스스로 정리한 일생이다. 짤막
한 자서전이다.

　만년에 이르러 공자가 스스로 돌아보고 자신의 사상과 '지학'은 인
격 수양과 완성을 위한 학문에 뜻을 두는 나이로, 세월이 흐르면서 15
세를 뜻하는 말로 쓰이게 되었다. 인격의 발달 과정을 정리한 내용이 이

것이다.

지우학(志于學)에서 가져온 지학(志學)은 '학문에 뜻을 두다'는 뜻이다. 공자 같은 성인도 어려서부터 학문에 뜻을 두고 부지런히 공부하였다는 점을 강조한 것이다. 시서육례(詩書六禮)를 통해 부지런히 몸과 마음을 닦아 인격 수양과 완성을 향해 나아가야 함을 지학(志學)에서는 말한 것인데 나중에는 15세를 가리키는 말이 되었다.

30세는 이립(而立)이다. 도가 확고하게 서 지키는 바가 있으면 견고하게 설 수 있다. 40세는 불혹(不惑)이다. 사물의 당연한 법칙을 의심하는 바가 없으면 지혜가 밝아진다. 50세는 천명을 아는 나이 지천명(知天命)이다. 천명은 천도가 유행하여 사물에 부여한 것이니 사물의 당연한 이치이다. 이것을 알면 지혜가 지극히 정밀하게 되어 의혹되지 않는다. 60은 이순(耳順)이다. 소리가 들어오면 마음에 통하게 되어 거슬리는 것이 없으니, 앎이 지극해져서 생각하지 않아도 깨닫게 된다. 70세는 종심(從心)이다. 마음이 밝아져 마음이 원하는 것을 따라도 지극한 이치가 아닌 것이 없다.

70세는 두보의 시에서 유래하여 고희(古稀)라고 한다. 71세는 망팔(望八), 팔십을 바라본다는 뜻으로 장수(長壽)의 의미가 함축되어 있다. 77세는 희수(喜壽)라고 한다. 희(喜)자를 초서로 쓰면 七十七을 세로로 써놓은 것과 비슷한 데서 유래하였다. 『두산백과사전』에서는 장수에 관심이 많은 일본에서 비롯됐다고 설명한다. 망구(望九)는 81세를 달리 부르는 말이다. 90을 바라보는 나이라는 뜻이다. 米壽(미수)는 88세를 의미한다. 쌀 미(米)를 파자하면 八十八이 된다. 91세는 망백(望百), 구십을 넘었으니 백세도 바라본다는 의미이다. 99세를 백수

(白壽)라 한다. 백(百)에서 하나(一)를 빼면 백(白)이 되니 백수(白壽)가 99세가 되는 것이다. 100세 는 上壽(상수)라고 한다.

『장자(莊子)』 잡편 도척에 "사람의 수명은 최고로 오래 살아야 겨우 100세이고, 중간 정도로 오래 사는 경우는 80세, 낮은 수준으로 오래 사는 것은 60세인데 그나마 병들어 여위거나, 상복을 입거나 근심 걱정하는 날을 빼고 입을 벌리고 웃으며 지낼 수 있는 날은 한달 에 불과 4, 5일뿐이다(人上壽百歲, 中壽八十, 下壽六十, 除病瘦, 死喪, 憂患, 其中開口而笑者, 一月之中不過四伍日而已矣)"에서 상수가 100세로 나온다. 상수, 중수, 하수를 삼수(三壽)라고 하는데 상수는 삼수 중에 으뜸이다. 100세를 또 기이지수(期頤之壽)라고도 하는데『남제서(南齊書)』32권 저현전(褚炫傳)에서 유래했다. 다수(茶壽)는 108세를 말한다. 다(茶)의 윗부분 초두(艹)가 20, 그 아래 부분이 八十八이니 합하면 108이 된다.

知:알 지, 天:하늘 천, 命:목숨 명

78
"벼슬을 얻으러 권세가를 찾아다니다"

—

奔競
(분경)

조선은 개국 때부터 고려 말기 폐단을 거울 삼아 관직을 얻기 위해 권세
가를 찾아다니는 것을 엄격히 금했다. 벼슬을 얻기 위해 권세 있는 집을
분주하게 찾아다니던 일을 조선에서는 奔競(분경)이라 하였다. 조선에서
는 이 분경을 법으로 금하는 분경금지법을 법제화하였고, 그 폐단이 얼
마나 심했는지는 세조 때 사헌부가 왕에게 올린 글에서도 엿볼 수 있다.

"입에서 아직 젖내가 나도 높은 직질을 이루고, 사무(事務)를 알지 못
해도 수령이 되어 백리(百里)를 부리니, 백성에게 폐단을 끼치는 자가 있
는가 하면, 한 사람이 몇 사람에게 청탁하여 1년 안에 여러 번 몇 자급을
더한 자가 있으며, 대가(代加)하는 데 나가지 않고서 간청(干請)을 기다
려 수년 뒤에 함부로 분수가 아닌 데에 미치는 자도 있어, 드디어 전하께
서 어진이를 대우하는 공기(公器)로 하여금 도리어 자기가 은혜를 베푸
는 기구로 삼으니, 그 말류(末流)의 폐단을 이루 말할 수 있겠습니까?"

총애를 받는 신하나 비빈(妃嬪)이 임금에게 사적으로 청탁을 행하던 일도 많았다. 이를 청알(請謁), 또는 사알(私謁)이라 하였는데 사알은 '사적으로 아뢰다'는 뜻이다. 분경과 함께 이 사알도 큰 문제가 되었다.

미국에서도 이 같은 일이 크게 문제가 되었는데 그게 바로 엽관제(獵官制:spoils system)다. 스포일스시스템이라는 말은 19세기 중엽에 상원의원 마시가 "전리품은 승리자의 것"(To the victor belongs the spoils:대통령 선거에서 승리한 당이 관직이라는 전리품을 독점하는 것)이라고 말한 것에서 유래했는데 엽관제의 폐단이 심해져 대통령이 살해되기에 이르렀다.

분주경쟁(奔走競爭)은 분주하게 달려가 이권을 차지하기 위해 경쟁한다는 의미로 진(晉) 간보(干寶)의 『진기총론(晉紀總論)』에 "자욱한 풍진은 다 자리를 차지하려는 선비들일세(悠悠風塵, 皆奔競之士) 벼슬자리가 천, 백이어도 어진 인재 천거에는 양보하지 않는다(列官千百, 無讓賢之擧)."라는 내용이 나온다.

분경은 권력자 주변 인물이나 친인척들이 벼슬을 얻기 위해 실세 권력자 집에 분주히 드나드는 것을 말하는데, 『경국대전(經國大典)』에는 분경을 "분주하게 달려가 이익을 다툰다(奔趨競利)"라고 설명하였다.

정권이 바뀔 때마다 당선에 공을 세웠다는 이들이 한 자리를 차지하려고 줄을 선다. 국민이나 나라를 생각하지 않고 선거에 도움을 주었으니 이제 내 한몫 챙기겠다는 심보가 아니겠는가. 이런 이들이 많으면 나라가 잘 될 리 없다. 분경하는 이들 잘 가려내는 것도 지도자가 갖춰야 할 자질이다.

奔:달릴 분, 競:다툴 경

79
"군자가 지켜야 할 세 가지 지침"

—

君子三戒
(군자삼계)

인생을 살아가면서 화를 당하지 않고 잘 살려면 어떻게 해야 할까? 옛글을 들춰보니 공자(孔子)가 아주 훌륭한 지침을 주었다.『논어(論語)』'계씨편'(季氏篇)에 군자가 경계해야 할 세 가지를 나이에 따라 제시했다.

"공자는 말하였다. 군자가 경계해야 할 게 세 가지니 젊어서는 혈기가 아직 안정되지 않으니 조심함이 여색에 있고 장년이 되어서는 혈기가 왕성하니 조심함이 싸움에 있다. 늙어서는 혈기가 쇠하니 조심할 게 욕심을 부리는 데 있다."(孔子曰 君子有三戒 少之時 血氣未定 戒之在色 及其壯也 血氣方剛 戒之在鬪 及其老也 血氣旣衰 戒之在得)

나이 15세에서 20세 정도의 청소년기 남자는 혈기가 왕성하여 겁이 없다. 반면 아직 불안정하여 이를 주체할 수 없기 때문에 감정대로 하기 쉽다. 그래서 유혹에 빠지기 쉬운데 여색에 특히 약한 때이다. 요즘 중고등학생들 중에 깜짝 놀랄 성범죄를 저지르는 것도 혈기가 왕성하나

이를 이성적으로 다스리지 못하기 때문이다. 이 시기에는 운동으로 땀을 흘리는 것도 혈기를 다스리는 좋은 방법이다.

장년기(壯年期)에는 다툼을 경계해야 한다. 나이 20~40까지는 혈기가 안정되나 여전히 강하기 때문에 승부욕이 강하다. 한마디로 자신감이 넘쳐 무엇이든 걸고 승부를 내려고 한다. 하지만 경험이 일천하고 판단력이 완전하지 않은 때라 낭패를 볼 수 있다.

늙어서는 욕심을 경계하라 하였다. 나이 들어 신체적으로 약해지면 색이나 다툼에도 점차 관심이 덜해진다. 몸이 예전처럼 내 마음대로 할 수 없게 되면 강해지는 게 물질적인 욕구이다. 늙어가면서 점차 실감하는 육체의 유한성을 물질로 보상하려는 심리가 작용하는지도 모른다. 그게 이른바 노욕(老慾)이고 그게 지나치면 노추(老醜)가 된다.

군자가 지켜야 할 게 많이 있지만 이 세 가지를 지키면 후회하지는 않을 것이다. 이 삼계가 군자에게만 해당하겠는가. 세상을 자신 있고 당당하게 살 것이지만, 이 삼계로 그 한계를 두어야 하겠다.

君 : 임금 군, 子 : 아들 자, 三 : 석 삼, 戒 : 경계할 계

80
"여름 화로, 겨울 부채 쓸모없는 것"

—

夏爐冬扇
(하로동선)

더울 때는 아주 긴요하여 서로 차지하려고 한 선풍기. 눈이 오니 오히려 거추장스럽다. 물건은 본래 그대로 변함이 없건만 때에 따라 그 가치가 달라진다. 사람이 다르게 보기 때문이리라. 모든 사물이 이럴진대 사람은 그렇게 보지 말라고 한들, 지켜지랴.

겨울에 선풍기를 보니 '夏爐冬扇(하로동선)'이 생각난다. '여름의 난로, 겨울의 부채'라는 것이니 이때는 거의 쓸모가 없는 것들이다. 사람도 이런 때를 만나면 시련기가 될 것이다. 하로동선은 후한(後漢)의 왕충(王充)이 쓴 『논형(論衡)』 '봉우편(逢遇)'편에 나오는 말이다. 왕충은 학문이 깊고 재능이 많지만 벼슬길에 나가지 못하고 불우한 처지에 있는 사람들을 세상이 '하로동선' 취급하는 것을 비웃고 일깨웠다.

"유익하지도 않는 능력을 발휘하고 보탬도 되지 않는 이론을 내세우는 것은 여름에 화로를 바치고 겨울에는 부채를 올리는 것이나 마찬가지다(作無益之能 納無補之說 獨如以夏進爐以冬奏扇 亦徒耳), 바라지 않는 일을 하고 듣고 싶지 않는 이론을 바치니 그들이 화를 만나지 않는다면 다행일 것이다. 어찌 복이 있기를 바라는가?"

왕충은 우연히 만나서 군주의 마음에 들게 되고 그 뜻과 부합하게 되는 것을 우(遇)라 하고 지금 사람들은 '우(遇)'와 '불우(不遇)'에 대해 정확히 판단할 수 없는데도, 등용된 일로 칭송하고 등용되지 못한 일로 헐뜯는다고 지적했다. 그는 이는 겉으로 드러난 결과에 근거한 것이며 이미 성립된 사실에 따른 판단이므로 그 사람의 행실과 재능을 헤아릴 수는 없다고 덧붙였다. '하로동선'은 오늘날 철에 맞지 않는 물건이나 격에 어울리지 않는 물건을 비유하는 말로 사용된다.

夏:여름 하, 爐:화로 로, 冬:겨울 동, 扇:부채 선

81
"날로 달로 크게 발전해 나간다"

—

日就月將
(일취월장)

여름철 풀이나 나무를 보면 하루가 다르게 자란다. 이 무렵 풀이 자라는 것을 보면 실로 일취월장을 실감한다. 군 복무 시절 제초작업을 한 주라도 거르면 사람이 다닐 수 없게 풀이 자라 매주 제초작업을 해야 했다.

日就月將은 날로 달로 자라거나 진보하여 나날이 발전한다는 말이다. '日將月就(일장월취)'라고도 한다. 『시경(詩經)』 주송(周頌) '경지(敬之)'에 나오는 말이다.

모든 일을 삼가고 삼가시리니 (敬之敬之)

하늘은 진실로 밝으오시고 (天維顯思)

천명은 거역할 수가 없다 (命不易哉)

높고 높은 먼 곳에 있다 하지 마소서 (無曰高高在上)

일마다 때마다 내려오시어 (陟降厥士)

날마다 지켜보고 있습니다 (日監在玆)

어리고 총명하지 못한 나 (維予小子)

그 어찌 마음 깊이 삼가지 않으리 (不聰敬止)

나날이 이루고 달로 나아가 (日就月將)

학문이 광명에 이를 것이니 (學有緝熙于光明)

맡은 일을 도와 (佛時仔肩)

나에게 덕행을 보여주오 (示我顯德行)

이 시는 중국 주(周)나라의 제2대 성왕(成王)이 보위에 오른 후 스스로 총명하지 못한 점을 경계하여 부지런히 배우고 익혀 나날로, 달로 발전해 나아가 학문의 도를 깨우칠 테니 제후들도 자신을 도와 착하고 어진 행실을 드러내 보여 달라고 했다는 내용이다.

성왕이 즉위했을 때는 주가 은(殷)을 멸망시킨 지 얼마 안 돼 천하가 안정되지 않았다. 더군다나 성왕의 나이까지 어렸다. 그래서 성왕은 제후들을 단속하여 이같이 자신을 돕고 어진 행실을 보여 달라고 했던 것이다. 어린 성왕을 도와 섭정으로 국사를 주관한 이가 주공(周公)이다.

하지만 주공의 두 동생 관숙(管叔)과 채숙(蔡叔)이 주공을 의심하여 반란을 일으켜 주를 배반했다. 주공은 성왕의 명을 받아 관숙을 죽이고 채숙은 귀양을 보냈다.

일취월장은 '날로 달로 끊임없이 나아간다'는 뜻의 일진월보(日進月步)와 비슷한 말이다.

日 : 날 일, 就 : 나아갈 취, 月 : 달 월, 將 : 나아갈 장

82
"나무 아래서 토끼가 나오기만 기다린다"

—

守株待兔

(수주대토)

춘추전국시대 송(宋)나라에 한 농부가 밭을 갈고 있었다. 밭 가운데 나무의 그루터기가 있었는데 토끼가 달려가다가 그 그루터기에 걸려 목이 부러져 죽었다. 그러자 농부는 그 날로 쟁기를 버리고 그 그루터기를 지키면서 다시 토끼를 얻기를 바랐다. 그러나 그는 다시 토끼를 얻지 못하였고 그러는 동안 농부의 밭은 잡초만 무성하게 자라버려 그는 송나라 사람들의 웃음거리가 되었다. 공짜 점심을 바란 송인(宋人)은 본업인 농사까지 망쳤으니 어리석기 짝이 없다.

이 이야기는 『한비자(韓非子)』의 오두편에 나오는데 어리석고 융통성 없는 태도를 비유하는 내용이다. 이는 우화이고 『한비자』 책을 읽어보면 그 앞에 중요한 내용들이 들어있다.

"지금 나무를 얽어서 집을 짓거나 나무를 비비어 불을 얻는 짓을 하후씨(夏后씨)의 시대에 하는 사람이 있다면 반드시 곤이나 우왕의 웃음거리가 될 것이요, 또 도랑을 터서 물을 빼는 짓은 은나라와 주나라 시대에 하는 사람이 있다면 반드시 탕왕이나 무왕의 웃음거리가 될 것이다. 그러니 지금 요임금, 순임금, 또는 탕임금, 무왕, 우임금의 도를 지금 세상에도 합당한 것이라 찬미하는 사람이 있다면 반드시 새로운 성인의 웃음거리로 될 것이다. 그러므로 성인은 옛 것을 따를 것을 바라지 아니하며 항상 통용되는 것을 법도로 삼지 아니하고 그 시대 세상의 일을 마련하여 이에 적합한 설비를 삼는다."

한비자가 왜 이같은 이야기를 했을까? 한비자는 성인의 말씀을 금과 옥조로 생각하고 옛 성인을 본받으라고 강조하는 유가가 못마땅했던 것이다. 그래서 유가의 복고(復古)주의를 비판하고 진취적인 입장을 피력한 것이 이 부분이다. 법가(法家)의 입장에 서서 과거의 성인을 본받는 것을 반대하고 그때그때 시대와 세상의 흐름에 맞게 정치를 해야 한다는 주장이다.

한문을 하다보면 나도 모르게 과거의 것을 숭배하게 된다. 과거지향적인 태도를 갖게 되는 것도 무시할 수 없다. 고전이든 옛 성인이든 수천 년, 수백 년 전 사람의 이야기를 하는 것은 그것을 그대로 본받자는 게 아니다. 옛 글 속에서 지금 우리의 삶에 도움이 되는 지표를 찾는 데 큰 목적이 있는 것이다.

守:지킬 수, 株:그루 주, 待:기다릴 대, 兎:토끼 토

83
"사소한 것에 빠져 중요한 목적을 잃다"

—

多岐亡羊
(다기망양)

양자(楊子)의 이웃 집에서 양이 한 마리 도망쳤다. 그 집 사람이 모두 양을 찾아나서고 양자의 제자들에게도 도움을 청했다.

이를 보고 양자가 물었다.

"양 한 마리가 도망갔는데 어찌 그렇게 많은 사람이 찾아 나서는가?"

"갈림길이 많기 때문입니다(多岐路)."

모두 돌아오자 양자가 다시 물었다.

"양은 찾았소."

"도망가버렸소이다."

"어떻게 도망 갔소?"

"갈림길로 들어가니 그 안에 또 갈림길이 있어 양이 어디로 간지 알 수 없어 돌아온 것입니다(岐路之中又有岐焉 吾不知所之, 所以反也)."

그러자 양자는 숙연해지며 얼굴색이 바뀌었고 말도 하지 않고 웃지

도 않고 며칠을 보냈다. 이상하게 생각한 제자가

"양은 흔한 가축이고 선생님 것도 아닌데 말도 않고 웃지도 않으십니까?"하고 물었다. 하지만 양자는 대답하지 않았다.

이에 제가가 모두 모여 양자와 양을 잃어버린 일에 대해 문답을 하며 양자가 웃지않고 말하지 않는 연유를 알고자 하였다.

양자는 제자들에게 "물가에 사는 자는 물에 익숙하여 물에 용감하게 들어간다. 배를 저어 돈을 벌어 여러 사람을 먹여 살린다. 그런데 그들에게 배운 자들 가운데는 익사자가 절반이다. 본래 물에 들어가는 것을 배우고 빠져 죽는 것을 배우지 않았는데 결과가 이와 같으니 누가 옳고 누가 그르냐?"

심도자(心都子)라는 제자가 그 연유를 알게 되었다. 큰 길도 갈림길이 많아 양을 잃었고 학문을 하는 이는 방면이 많아 살 곳을 잃는다. 학문의 길도 그와 같은 것이어서 하나로 돌아가는 중요한 목표를 잃게 되어 선생의 도를 익혀도 선생의 경지에 도달할 수 없는 것이다. 그게 슬퍼 양자는 말을 하지도 웃지도 않았다는 것이다.

『열자(列子)』의 설부편(說符篇)에 나오는 이야기다. 여기서 多岐亡羊(다기망양)이라는 이야기가 나왔다. 지엽적인 것에 빠져 결국은 근본 목적을 잃어버리고 마른 것을 풍자한 것이다. 옛 이야기이지만 지금도 타당한 이야기다. 사소한 일에 빠져 중요한 목적을 잊어버리지 말자.

多 : 많을 다, 岐 : 갈림길 기, 亡 : 도망할 망, 羊 : 양 양

84
"실제 사물의 이치를 연구하여 지식을 완전하게 한다"

—

格物致知
(격물치지)

하나의 단어를 두고 학파가 달라지는 예가 있다. 格物致知(격물치지)가 그 예이다. 실제 사물의 이치를 연구하여 지식을 완전하게 함이라 뜻.『대학(大學)』에 유교의 '삼강령(三綱領) 팔조목(八條目)'이 제시되었는데 격물(格物) · 치지(致知) · 성의(誠意) · 정심(正心) · 수신(修身) · 제가(齊家) · 치국(治國) · 평천하(平天下)가 팔조목이다. 이 가운데 여섯 조목에 대해서만 자세히 설명하였고 격물 · 치지는 언급하지 않았다.

주희는 격물치지에 대해 "격물(格物)을 격(格)을 이른다(至)는 뜻으로 해석하여 만물이 가지고 있는 이(理)를 찾아 들어가는 궁리(窮理)와 같은 의미의 말이요, 물(物)에 이르러 이(理)를 궁하는 일에서 지식을 펴 나아가서 지(知)를 이룬다"고 하였다. 이를 '성즉리설(性卽理說)'이라 한다.

주희를 추종하던 명나라 왕양명(王陽明)은 그 가르침에 따라 격물치지를 체득하려고 하였다. 이(理)는 일목일초(一木一草)에까지 있는 것이라면 집안의 대나무에도 있을 것이라 생각하고 대나무 한 그루 한 그루를 잘라 그 대의 이를 찾아보려 했다. 하지만 대를 들여다보며 며칠을 심사숙고해도 대나무의 이(理)라는 것을 얻지 못했다. 이에 주희의 학설에 회의를 품고 격물치지를 다르게 해석하였다. 그는 사람의 참다운 양지(良知)를 얻기 위해서는 사람의 마음을 어둡게 하는 물욕(物欲)을 물리쳐야 한다고 주장하여, 격을 물리친다는 뜻으로 풀이한 심즉리설(心卽理說)을 확립하였다. 주자의 격물치지가 지식 위주인 것에 반해 왕양명은 도덕적 실천을 중시하고 있어 오늘날 주자학을 이학(理學)이라 하고, 양명학을 심학(心學)이라고도 한다.

다산(茶山) 정약용은 주희와는 달리 팔조목 가운데 격물과 치지를 제외한 성의 이하 평천하 여섯 조목의 본말종지(本末終始)를 양도(量度)하는 것을 격물치지라 하였다. 그는 천하의 만물은 한량 없이 많아서 그 수를 헤아릴 수 없고 성인이라도 그 까닭을 다 알아낼 수 없을 것이라고 그 불합리함을 지적했다. 일리 있는 해석이다.

格 : 궁구할 격, 物 : 만물 물, 致 : 이를 치, 知 : 알 지

85
"고기가 잡히면 통발을 잊는다"

—

得魚忘筌

(득어망전)

성공한 대통령이 되려면 초심(初心)을 잃지 않아야 하는데 대통령 선거 후보자에서 당선인이 되고 대통령 직에 취임하는 과정을 보면 그때그때 발언이 달라지는 것은 본다. 대통령이라는 책임 있는 자리에 앉게 되면 말도 책임 있게 해야 하니 달라지는 건 당연할 수도 있다. 하지만 국민에 봉사하겠다는 초심을 잃지 않도록 경계해야 한다.

"통발은 물고기를 잡는 것으로, 고기를 잡으면 그 발은 잊어버리고 만다. 토끼 올가미는 토끼를 잡는 도구인데, 토끼를 잡고 나면 올가미는 잊는다. 이와 같이 말이란 사람의 생각을 상대방에게 전달하는 것이므로, 생각할 줄을 알면 말을 잊어버리고 마는 것이다. 그러나 나는 어찌 저 말을 잊은 사람과 더불어 말을 할 수가 있을까(筌者所以在魚 得魚而忘筌 蹄者所以在兎 得兎而忘蹄 言者所以在意 得意而忘言 吾安得夫忘言之人 而與之言哉)?"

『장자(莊子)』 외물편(外物篇)에 나오는 말이다. 여기서 得魚忘筌(득어망전)이라는 말이 나왔는데 고기가 잡히면 통발을 잊는다는 뜻이다. 장자가 일체의 구속에서 벗어나 유유자적하는 경지를 말한 것으로 망언(忘言)도 여기서 나왔다. 得魚忘筌(득어망전)은 자기의 뜻한 바를 이룬 후에는 그 수단이나 과정에는 애착을 갖지 말라는 것인데, 지금은 어떤 목적이 달성되면 그동안 도움이 되었던 것을 모두 잊고 그 은혜에 보답하는 일조차 잊는다는 뜻이 되었다. 비슷한 말로는 "강을 건너면 다리를 부순다"는 과하척교(過河拆橋)가 있다. 이 말은 『원사(元史)』 '徹里帖木兒傳(철리첩목아전)'에서 나왔다.

반대의 뜻으로 음수사원(飲水思源)이라는 말이 있다. 물을 마시면 그 근원을 생각한다는 뜻이다. 북주(北周) 유신(庾信)의 '징조곡(徵調曲)' 가운데 "열매를 따는 이는 그 나무를 생각하고 흐르는 물을 마시는 이는 그 근원을 생각한다(落其實者思其樹, 飲其流者懷其源)"에서 유래하였다. 음류회원(飲流懷源)이라고도 한다. 다 근본을 잊지 않는다는 뜻이다.

得 : 얻을 득, 魚 : 물고기 어, 忘 : 잊을 망, 筌 : 통발 전

86
"말을 번복하거나 약속을 지키지 않다"
—

食言
(식언)

언제나 선거의 계절이 돌아오면 말을 많이 하는 사람들이 부쩍 늘어난다. 들어보면 좋은 말이고 옳은 말이지만, 이 말들이 얼마나 지켜질꼬.

은(殷)의 탕(湯)왕은 하(夏)나라의 폭군 걸왕(桀王)을 치기 위해 군사를 일으켰다. 그는 많은 군사를 모아놓고 말하였다.

"자기가 병(兵)을 일으키는 것이 어떠한 취지에서인가 잘 이해해야 한다. 자기는 '칭난(稱亂)' 즉 나라에 소동을 일으키기 위해 군사를 낸 것은 결코 아니다. 세상의 평화를 바라는 마음은 물론 타인과 같다. 그러나 하왕은 죄가 많아 항상 인민을 학대하여 그 죄를 바로 잡는 것이다. 자기는 천명(天命)을 받아 군사를 일으킨 것이며 결코 사심(私心)으로 난(亂)을 일으킨 것을 잘 이해해야 한다."

곳곳에서 폭군을 쳐야 한다는 여론이 비등하였지만, 그는 군대를 동원하기에 앞서 다시 천명을 받아 세상의 평화를 바라고 인민을 학대하는 죄를 바로잡기 위한다는 점을 상기시킨 것이다. 하늘이 버린 자를 중인(衆人)을 대신하여 벌을 주는 것은 결코 잘못된 것이 아니다. 이것이 바른 일이라는 신념을 장졸들에게 심어주는 것이다. 이러한 인식이 있으니 다음과 같은 신상필벌도 가능한 것이다.

탕왕은 마지막으로 신상필벌에 대한 원칙을 밝혔다.

"너희 모두 나 한 사람을 도와 하늘의 벌(罰)을 극진히 하라. 내 너희에게 보답을 크게 주리라. 너희 믿지 아니하지 말라(爾無不信). 내가 식언을 하지 아니하리라(朕不食言). 너희 맹세를 쫓지 아니하면 내 너희 처자(妻子)도 죽이어 용서하지 않겠노라."

食言(식언)이라는 말이 여기서 나왔다. '말을 먹는다'는 뜻이다. 풀어쓰자면 한 번 입 밖으로 냈던 말을 다시 입 속에 넣는다는 뜻으로 앞서 했던 말을 번복하거나 약속을 지키지 않고 거짓말을 하는 경우를 비유할 때 하는 말이다. 이 내용은 『서경(書經)』의 상서(商書) 가운데 탕서(湯書)에 나온다.

표를 얻기 위해 지키지 못할, 또는 지키지 않을 약속을 식언을 하는 정치인이 너무 많다. 정직한 정치인, 정직한 정치라야 세상이 좋아지지 않겠는가.

食:밥 식, 言:말씀 언

87
"뛰어난 것 가운데 가장 뛰어난 것"

—

白眉
(백미)

白眉(백미)는 흰 눈썹을 말한다. 이렇게 써놓고 '여럿 가운데 가장 뛰어난 것'으로 풀이한다. 이 말이 생겨난 유래를 알지 못하면 본뜻을 이해할 수 없다. 이렇게 고사가 있는 성어는 그 유래를 알아가는 재미도 쏠쏠하다.

삼국시대 촉(蜀)나라에는 마량(馬良)이라는 인재가 있었다. 자(字)가 계상(季常)으로 양양 의성 사람이다. 마량은 형제가 다섯인데 이들은 자에 상(常)이란 글자를 모두 넣어 지었기 때문에 그곳 사람들은 그들 형제를 가리켜 '마씨오상(馬氏五常)'이라 일컬었다.

다섯 형제가 모두 재주가 뛰어났는데 그 중에서도 마량이 가장 뛰어났다. 그 고장사람들은 "마씨 오상은 모두 뛰어나지만 그 중에서도 흰 눈썹이 가장 훌륭하다(馬氏五常 白眉最良)"이라고 하였다. 마량의 눈썹에 흰 털(白毛)이 있어 이렇게 불렀던 것이다.

마량은 동생 마속(馬謖)과 함께 유비를 섬겼다. 마량은 유비에게 형주사군(荊州四郡) 정벌을 제안하였으며 관우가 형주를 지킬 때 내정을 보좌했다. 오나라와의 전쟁 때 유비에게 칠백 리에 걸쳐 전선을 유지하고 있는 촉군의 문제점을 제기했다. 이 전쟁에서 유비는 크게 패하여 마량 또한 해를 당한다. 유비는 이에 마량의 아들을 기도위(騎都尉)를 삼았다.

백미의 유래는 이 마량의 옛 이야기에서 나왔다.『삼국지』촉지 마량전(蜀志馬良傳)'에 전한다. 이때부터 같은 부류의 많은 사람 중에서 가장 뛰어난 사람을 '백미(白眉)'라 부르게 되었다. 우수한 사람 중에 가장 우수한 사람을 가리킨다. 지금은 사람뿐만 아니라 작품을 이야기할 때도 쓴다.

삼국시대 유비는 조조, 손권과 당당히 맞섰다고 하여 '삼국정립(三國鼎立)'이라고 표현한다. 하지만 사실은 유비는 익주라고 하는 촉(蜀)땅, 지금의 사천성 한 곳을 차지한 것에 불과하다. 나머지는 조조가 대부분을 차지하고 손권도 남쪽에 조금 가졌을 뿐이다. 그런 유비에게 '백미'라 불리는 마량과 같은 인재가 몸을 맡겼다는 점은 지금 생각해보아도 유비의 설득력이나 리더십이 뛰어났다는 하겠다.

白:흰 백, 眉:눈썹 미

88
"눈물을 머금고 마속의 목을 벤다"

—

泣斬馬謖
(읍참마속)

'백미(白眉)' 마량을 이야기하면 그 동생 마속(馬謖)에 관한 고사를 그냥 지나칠 수 없다. '泣斬馬謖(읍참마속), '눈물을 머금고 마속의 목을 벤다'는 고사의 주인공이 마속이다. 마량 5형제가 모두 인재로 마속도 뛰어났다. 『삼국지』 '마량전'을 보면 마속은 "재주와 기량이 다른 사람을 뛰어넘고(才器過人), 군사계책을 논하기 좋아하였다(好論軍計)"고 하였으며, 제갈량은 그런 그를 높이 평가하여 마치 친아들처럼 여기고 우대했다.

중국 삼국시대 촉(蜀)나라 건흥6년(228) 제갈량(諸葛亮)은 출병했다. 북벌(北伐)에 나선 것이다. 제갈량 자신이 병사들을 이끌고 기산을 쳤는데 그 대오가 정연하고 상 주고 벌 주는 것이 엄격하며 호령이 분명했다. 위(魏) 명제는 장합에게 명하여 제갈량을 막도록 했다.

제갈량은 마속(馬謖)에게 군사를 지휘하여 선봉에 서서 가정(街亭)에서 장합과 싸우도록 했다. 그때 경험이 풍부한 장수 위연(魏延), 오일(嗚

壹) 등이 있었다. 모두 이들을 선봉으로 삼아야 한다고 주장했으나 제갈량은 듣지 않고 마속을 뽑았다.

마속은 일반 사람들을 뛰어넘는 걸출한 재능을 가졌고 군사 전략에 관한 논의를 좋아해 승상 제갈량이 그를 높이 평가했다. 유비(劉備)는 임종할 무렵 제갈량에게 말했다.

"마속은 말이 실질을 넘어 크게 쓸 수 없으니 그대는 그를 잘 살피시오."

그러나 제갈량은 그렇지 않다고 생각하고 마속을 참군으로 삼아 불러서 담론을 하면 으레 대낮부터 밤까지 종일 하곤 했다. 선봉으로 뽑은 이유가 있었던 것이다.

그런데 마속은 제갈량의 지시를 어기고 군사행동 중에 잘못을 범해 장합에게 격파되어 병사들이 뿔뿔이 흩어졌다. 제갈량은 나아가 의지할 곳이 없어져 군대를 몰고 한중으로 돌아왔다. 이에 제갈량은 동생처럼 아끼던 마속을 처벌한다. 마속은 옥중에서 죽었고 제갈량은 자신도 스스로 3등급 강등을 자청했다. 마속 등 수하들을 처벌하는 것과 동시에 후주 유선에게 상소를 올려 스스로 처분을 요청해 전쟁의 모든 책임을 졌다. 제갈량은 마속이 옥사했을 때뿐 만 아니라 그를 언급할 때마다 눈물을 흘렸다. 『삼국지연의』에는 제갈량이 마속의 목을 베라고 지시하고 목을 벨 때에 전 군사가 눈물을 흘리고 제갈량 역시 통곡했다고 하나 소설 속 이야기일 뿐이다.

마속의 형 마량이 죽었을 때 나이가 서른여섯이었고 마속은 서른아홉 살이었다.(謖下獄物故, 亮爲之流涕. 良死時年三十六, 謖年三十九).『삼국지(三國志)』 촉서(蜀書) 제갈량전과 마속전에 나온다. 여기서 읍참마속(泣斬馬謖)이라는 말이 유래했다. 울며 마속의 목을 베다는 뜻으로 사사로운 감정을 버리고 엄정하게 법을 지켜 기강을 바로 세우는 일을 비유하는 고사성어로 사용된다.

제갈량이 마속을 처벌한 것을 두고 인재를 아낄 줄 모른다는 비난이 당시에도 있었다. 그가 마속을 참한 것은 가정을 잃었기 때문이다. 더 근본적으로는 복잡한 촉한 정권의 내부 투쟁에 있다. 공명은 이를 막기 위해 솔선수범하여 공개·공정·공평의 원칙하에 법대로 나라를 다스려왔는데 마속을 벌하지 않으면 그것이 무너지게 된다. 이를 잘 아는 제갈량은 전체를 위해 단칼에 마속을 내리쳤고 마속도 그 대의를 알고 자신을 법으로 다스려 줄 것을 요청했다. 읍참마속은 '작은 것을 희생시키고 큰 것을 보존한다'는 뜻이다. 법질서를 바로 세우려면 지금도 이렇게 하지 않으면 안 되는 게 세상이치다.

泣 : 소리없이 울 읍, 斬 : 벨 참, 馬 : 말 마, 謖 : 일어날 속

89
"용을 그린 다음 마지막으로 눈동자를 그린다"

—

畫龍點睛

(화룡점정)

장승요는 중국 남조 양무제(梁武帝) 때 유명한 화가로 지금의 절강성(浙江省) 호주(湖州)에서 태어났으나 생몰 연대가 명확하지 않고, 양무제 천감(天監) 연간(502~519) 무릉왕(武陵王)의 국시랑(國侍郎)·직비각지화사(直秘閣知畫事)·우군장군(右軍將軍)·오흥태수(嗚興太守) 등을 역임했으며 이후 그림 그리는 데 전념하여 뛰어난 솜씨를 발휘하였다.

그는 용, 앵무, 화초, 산수화 등을 잘 그렸다. 그는 고개지(顧愷之), 육탐미(陸探微), 당나라의 오도자(吳道子)와 함께 '화가사조(畫家四祖)'로 칭송받는다. 장승요는 특히 인물화에 능해 양무제가 각지에 파견된 황자(皇子)의 모습을 그려오도록 그를 보냈다. 장승요는 각지를 돌아다니 황자의 인물상을 그렸는데 매우 생생하게 그려 그림이 마치 살아있는 것같아 무제가 더욱 그를 사랑하였다.

장승요는 천축(天竺) 등 외국의 예술의 장점을 받아들여 중국미술사상 처음으로 요철휘염법(凹凸暈染法)을 채용한 선구적인 화가였다. 불교에 심취했던 무제는 장승요에게 명하여 사찰의 벽화, 불상 등을 그리도록 했다. 장승요는 불상을 그리면서 그만의 양식을 완성했다. 화가들은 이를 '장가양(張家樣)'이라 부르고 모방했다.

불교에 빠진 무제는 불사를 자주 하여 그때마다 승요에게 그림을 그리도록 하였다. 당시 무제의 아들인 여러 왕들이 외지에 머물렀는데 무제는 승요를 보내 그들의 화상을 그려오도록 하여 마치 직접 만나는 것처럼 마주 보았다.

강릉(江陵) 천황사(天皇寺)는 남제(南齊) 명제(明帝) 때 세운 절이다. 그 안에 백당(柏堂)이 있는데 승요는 노사나불상(盧舍那佛像)을 그리며 공자(孔子)와 제자 열 명도 그렸다. 이상하게 생각한 황제가 부처를 모시는 절에 왜 공자의 상을 그리는지 물었다. 승요는 이렇게 대답했다.

"나중에 이것으로 도움을 받게 될 것입니다."

과연 훗날 후주(後周)가 불교를 멸하려고 각지서 절과 불탑을 불태웠는데 이 절만은 손대지 않았다. 공자의 상이 있었기 때문이었다.

승요가 금릉(金陵 : 지금의 남경)에 이르러 안락사(安樂寺) 벽에 하얀 용 네 마리를 그렸는데 눈만을 그리지 않았다. 그리고는 매번 말하기를 눈을 그리면 즉시 날아간다(每雲點睛卽飛去)고 하였다. 사람들이 믿지 않고 눈을 그리라고 졸랐다. 승요가 눈을 그리는 순간 뇌성이 치며 벽이 무너지고 용 두 마리가 구름을 타고 하늘로 올라갔다. 눈을 그리지 않은 용 두 마리만 남았을 뿐이었다.

당(唐)나라 장언원(張彦遠)이 펴낸『역대명화기(歷代名畵記)』양(梁)나라 편에 나오는 이야기다. 여기서 화룡점정(畵龍點睛)이 유래했다. 용을 그린 다음 마지막으로 눈동자를 그린다는 뜻인데 무슨 일을 할 때 마지막 중요한 부분을 마무리함으로써 그 일을 완성한다는 의미다. 또한 일 자체가 돋보인다는 것을 비유한다. 어떤 일이 모두 잘 되었는데 어딘가 한 군데 부족할 때 '화룡에 점정이 빠졌다'고도 한다.

畵 : 그림 화, 龍 : 용 룡, 點 : 점찍을 점, 睛 : 눈동자 정

90
"물에 빠진 칼을 뱃전에서 찾는다"

—

刻舟求劍
(각주구검)

"나를 살펴 가히 다른 사람을 알 수 있고(故察己則 可以知人), 지금의 형세를 살펴 옛 것을 알 수 있으니 고금은 하나요, 남과 내가 하나일 따름이다(察今則可以知古, 古今一也 人與我同耳)."

『여씨춘추(呂氏春秋)』 찰금(察今) 편에 나오는 말이다. 찰금(察今)이란 지금 돌아가는 형편을 살펴보라는 것이다. 현재의 모습은 뜬금없이 생겨난 게 아니고 전부터 작용하여 변해온 결과이니 지금의 것을 자세히 살펴보면 옛 모습을 알 수 있는 것은 당연하다. 이 찰금편이 유명한 것은 刻舟求劍(각주구검)의 내용이 이어지기 때문이다.

초나라 사람이 검을 가지고 강을 건너다 잘못하여 물에 빠뜨렸다. 그는 즉시 뱃전에 새기어 표시를 해두고 이렇게 말했다. "이곳이 내 검이 빠진 곳이다." 배가 언덕에 닿자 그는 표시해둔 뱃전을 따라 물속으로 들어가 칼을 찾았다. 하지만 배는 이미 지나왔고 검은 그대로 있으니 검을 찾을 수가 없었다. 옛 법으로 나라를 다스리려 함은 이와 같은 것이다. 시대는 이미 옮겨갔는데 법은 그대로이니 이로써 다스리려 하면 어찌 어려움이 없겠는가.

어떤 사람이 어린 아이를 끌고 와 강물에 던지려고 하자 아이는 울음을 터뜨렸다. 다른 사람이 보고 그 까닭을 묻자, 그는 이렇게 말했다.

"이 애 아버지가 수영을 잘 하오."

"그 애 아버지가 비록 수영을 잘해도 그 아이가 어찌 수영을 잘 하겠소? 강물에 던지면 반드시 낭패를 보리다."

형나라가 정치하는 것이 이와 같다.

선왕지법(先王之法)을 그대로 따라야 하느냐를 두고 '찰금'에서는 지금 형세를 먼저 살펴보라고 한다. 지금에 맞지 않으면 따르지 말아야 한다고 명쾌하게 정리한다. 선왕지법을 만든 이도 사람이고 나도 사람이니 나를 알면 사람을 알 수 있다고 하였다. 刻舟求劍(각주구검)은 여기서 유래하였다. 칼이 빠진 곳을 배에 새겨두고 배가 움직인다는 것을 생각하지 않고 표시해 둔 곳에서 찾는다는 어리석음을 비유한 것이다.

각주구검과 비슷한 뜻으로는 『한비자(韓非子)』 오두(伍蠹)에 나오는 수주대토(守株待兎)가 있다. 또 묵수성규(墨守成規 : 옛 법을 고집하고 조금도 바꾸지 않는다)도 있다. 묵수성규는 묵수성법(墨守成法)이라고도 하는데 전국(戰國)시대 묵적(墨翟)이 성(城)을 잘 지켰다. 당시 사람들이 이를 '묵수(墨守 : 묵적이 지켰다)'라고 하였다. 이후 묵수성규는 옛 법을 고집하여 한 번 성립하면 바꾸지 않은 것을 비유하게 되었다. 내 것을 고집하다가도 시대에 뒤지지 않은지 늘 살펴볼 것이다.

각주구검과 반대 의미로는 간풍사타(看風使舵)라는 말이 있다. 간풍

사범(看風使帆)이라고도 하는데 바람을 보고 키나 돛을 사용한다는 뜻으로 시세의 변화를 세밀히 살피고 있다고 그 기회를 이용해 응하는 것을 비유한다. 『오등회원(伍燈會元)』천의회선사(天依懷禪師) 법사(法嗣) 법운법수선사(法云法秀 禪師)의 "바람을 보고 돛을 사용하는 것, 바로 이것이 물결을 따라 풍랑을 물리치는 것이다(看風使帆, 正是隨波逐浪)"에서 나왔다.

刻 : 새길 각, 舟 : 배 주, 求 : 구할 구, 劍 : 칼 검

91
"범인 가운데 뛰어난 한 인물"

—

群鷄一鶴

(군계일학)

진의 혜소는 죽림칠현의 한 사람으로 중산대부 혜강의 아들이다. 그가 열 살 때 그 아버지는 무고로 죽음을 당했다. 그가 자라자 아버지의 친우이며 역시 칠현 가운데 한 사람인 산도(山濤)가 무제(武帝)에게 혜소를 비서랑(秘書郎)에 추천하였다.

"강고(康誥)에 부자의 죄는 서로 미치지 않는다고 하였습니다. 혜소는 혜강의 아들이나 뛰어난 인물입니다. 부디 불러 비서랑을 시키십시오."

무제는 "경이 추천하는 사람 같으면 승(丞)이라도 족하겠지, 굳이 낭(郎)이 아니라도 좋지 않겠는가"하며 비서랑보다 한 등급 위인 비서승(秘書丞)에 오르게 했다.

혜소가 낙양에 올라오자 어떤 이가 칠현 중 한 사람인 왕융(王戎)에게 말했다.

"어제 많은 사람들 틈에서 혜소를 처음 보았소이다. 의기도 높은 것이 아주 늠름하며, 독립불기한 들학이 닭 무리 속에 내려앉은 것 같았소이다(昂昂然中如野鶴之在鷄群)."

그러자 왕융이 대답했다.

"자네는 아직 그 아버지를 본 적이 없어서 그러네(君復未見其父耳)."

혜소는 부친만은 못했지만 상당히 뛰어난 인물이었다. 그는 벼슬이 올라 시중(侍中)이 되어 혜제(惠帝) 곁에서 직언(直言)을 올리는 몸이 되었다.

이후 팔왕이 난을 일으켜 혜제는 진압하지 못하고 몽진을 가게 되었다. 혜소가 부름을 받아 당도하였을 때는 황제의 군대가 이미 패하였다. 백관이 모두 도망간 뒤 혜소는 홀로 의관을 바로하고, 화살이 비오듯 하고 창과 칼이 불꽃을 일으키는 어차 앞에서 몸으로 혜제를 감싸며 지켰다. 그가 반군의 화살에 맞아 혜제의 어의(御依)를 선혈로 물들였다.

난이 평정되고 좌우 근시(近侍)들이 그 옷을 빨려고 하자 혜제가 막았다. "이것은 혜 시중의 피다, 씻어 없애지 마라."

群鷄一鶴(군계일학)이라는 말은 여기서 나왔다. '닭 무리 가운데 학 한 마리'라는 뜻으로 많은 범인 가운데 한 사람의 뛰어난 인물을 비유하는 말이다. 『진서(晉書)』 '혜소전'에 나온다. 그 아버지 혜강전도 따로 있다.

훌륭한 인물을 알아 추천하고 그 추천을 받아 높이 쓴 임금과 신하가 멋있다.

群:무리 군, 鷄:닭 계, 一:한 일, 鶴:학 학

92
"외손뼉은 울릴 수 없다"

—

孤掌難鳴
(고장난명)

한비자(韓非子)는 중국의 대표적인 법가(法家)다. 『한비자(韓非子)』를 읽어보면 질서가 무너진 세상에서 법을 통해 바른 정치를 하기 위해 얼마나 고심했는지 알 수 있다. 그는 "고대인들은 덕을 급무로 삼았고 중세에는 지혜를 좇았으나 현재는 힘을 다툰다"고 하였다.

『한비자』의 공명편(功名編)에는 다음과 같은 내용이 있다.

"군주란 천하가 힘을 합쳐 그를 높이므로 안정하고 많은 사람들이 마음을 합쳐 함께 그를 세워 존귀하며 신하는 뛰어난 바를 지켜 능한 바를 다함으로써 충성을 한다. 군주를 높여 충신을 다스리면 오래 즐거이 살아 공명이 이루어진다. 명분과 실리가 서로 견지하여 이루어지고 형체와 그림자가 서로 응하여 서는 것과 같이 신하와 군주는 하고자 하는 바가 같으나 쓰임이 다른 것이다. 군주의 걱정은 응하는 바가 없는 데 있으니 한 손으로 홀로 쳐서는 아무리 빨라도 소리가 나지 않는다(人主之

患在莫之應, 故曰 一手獨拍, 雖疾無聲). 신하의 근심은 하나를 얻지 못하는 데 있으니 오른손으로 원을 그리고 왼손으로는 네모를 그리면 두 가지를 이룰 수 없는 것이다(人臣之憂在不得一, 故曰右手畵圓, 左手畵方, 不能兩成). 나라를 다스리는 것으로 말하면 군주가 북채이면 신하는 북, 기술이 수레이면 일은 말인 것이다."

한 손으로 홀로 쳐서는 아무리 빨라도 소리가 나지 않는다(一手獨拍, 雖疾無聲). 여기서 孤掌難鳴(고장난명)이라는 말이 나왔다. 혼자서는 일을 이루지 못하거나, 맞서는 사람이 없으면 싸움이 되지 않다는 뜻이다. 대개는 부정적인 뜻으로 사용된다.

한비자는 군주가 공명을 이룰 수 있는 조건으로 첫째, 천시(天時), 둘째, 인심(人心), 세째, 기능, 네째, 권세와 지위를 들었다. 천시를 얻으면 힘쓰지 않아도 저절로 자랄 것이요, 인심을 얻으면 독촉하지 않아도 스스로 힘쓰게 된다고 하였다. 무릇 지도자라면 새겨둘 말이다. 법을 바로 세워 마음을 얻어야 하지 않겠나.

고장난명과 같은 뜻으로 고가과인(孤家寡人)이 있다. 孤와 寡人은 옛날 제왕이 자신을 가리킬 때 하는 겸칭으로 덕이 적은 사람(寡德之人)이라는 뜻이다. 이후 고가과인은(孤家寡人)은 홀로 있고 도와주거나 지지하는 사람이 없는 상태를 비유하는 말이 되었다. 고립무원(孤立無援)도 같은 뜻이다.

孤 : 외로울 고, 掌 : 손바닥 장, 難 : 어려울 난, 鳴 : 울 명

93
"한 번 실패한 사람이 다시 분기하여 세력을 되찾는다"

—

捲土重來

(권토중래)

시인 두목(杜牧, 803~852)이 산수를 유람하여 오강(烏江:중국 안휘성)에 이르렀다. 당나라 말기 만당(晚唐), 세상은 갈수록 혼란해졌다. 혼탁한 세상을 생각하니 문득 천여 년 전 오강에서 스스로 목을 친 항우(項羽, 서기 전 232~202)가 생각났다. 그가 죽음을 택하지 안 했더라면 지금 세상은 달라졌으리라. 어느새 그 유명한 초한(楚漢)전쟁으로 달려갔다. 두목은 그 생각을 하며 정자 벽에 시를 썼다.

승패는 병가도 기약할 수 없나니(勝敗兵家不可期)

수치를 참고 부끄러움을 견디는 이가 진정 사나이라

(包羞忍恥是男兒)

강동의 자제에는 뛰어난 인재가 많으니(江東子弟多俊才)

흙먼지를 일으키며 다시 왔으면 승패를 알 수 없었을텐데

(捲土重來未可知)

두목의 시, 제오강정(題烏江亭)의 마지막 부분이다.

한왕 유방에게 패한 항우가 오강에 이르자 강 언덕에 배를 대고 기다리던 정장(亭長)은 "강동은 비록 좁으나 수천 리고 백성이 많으니 그곳으로 돌아가자"며 배에 오르기를 권했다. 항우는 "강동의 젊은이 8,000명이 나와 함께 강을 건너 서쪽으로 갔다가 지금은 나 혼자 돌아오는데 무슨 면목으로 강동의 부형(父兄)을 대하겠는가"하며 애마를 정장에게 주고 나아가 싸우다 끝내는 스스로 목을 쳤다.

두목은 그런 항우가 안타까웠던지 '강동에는 뛰어난 인재가 많으니 부형들에 대한 부끄러움을 참고 다시 일어섰더라면 만회할 수도 있지 않았겠나'는 부질없는 생각을 시로 읊었다. 용맹하고 단순한 항우에게 그는 애석한 마음을 보였다. 여기서 捲土重來(권토중래)라는 말이 유래했다. 捲土는 사람이나 말이 한꺼번에 몰려와 먼지가 일어나는 모습이다. 중래(重來)는 세력을 다시 회복한 것을 뜻한다. 흙먼지를 날리며 다시 온다는 뜻으로 한 번 실패한 사람이 다시 분기하여 세력을 되찾는다는 말이다. 고려시대 이제현은 두목의 이 시를 좋아하여 자주 읊었다.

올림픽에 참가한 우리 선수들이 목표했던 메달을 따고 그 이상의 메달을 목에 걸기도 한다. 그런가 하면 기대에 못 미쳐 실망하기도 한다. 하지만 낙망할 필요는 없다. 올림픽은 4년 후에도 다시 있으니까. 그 사이 권토중래하여 지금보다 뛰어난 기량을 쌓을 일이다. 卷土重來로도 쓴다.

같은 뜻으로는 사회부연(死灰復燃)가 있다. 꺼진 불이 다시 탄다는 의미로 힘을 모아 재기한 것을 비유한다.『사기(史記)』한장유열전(韓長儒列傳)에서 유래하였다.

동산재기(東山再起)도 같은 뜻이다. 진(晉) 사안(謝安)이 회계 동산에 은거하여 40여년을 보낸 후 다시 나와 환온(桓溫)의 사마(司馬)가 되고 이어 중서(中書), 사도(司徒) 등 요직을 여러 차례 맡아 진 왕실이 의지하게 되니 전화위복이 되어 안정되었다(隱居會稽東山, 年逾四十復出爲桓溫司馬, 累遷中書, 司徒等要職, 晋室賴以轉危爲安). 여기서 동산재기라는 고사가 나왔다.『진서(晋書)』사안전(謝安傳)에 나온다.

권토중래의 반대 뜻으로 만겁불복(萬劫不復)가 있다. 만 겁이 되어도 돌아오지 못하니 영원히 회복할 수 없음을 비유한다.

捲:말 권, 土:흙 토, 重:다시 중, 來:올 래

94
"소문은 네 마리 말이 끄는 수레보다 빠르다"

—

駟不及舌
(사불급설)

극자성(棘子成)이란 이가 있었다. 그는 위(衛) 대부로 문자(文字)와 예절을 배워야 하는 것이 번거로웠던 모양이다. 하루는 자공(子貢)에게 이렇게 말했다.

"군자는 본 바탕만 갖추면 되는 것 아니오? 무엇 때문에 문식(文飾)을 해야 합니까?"(君子質而已矣 何以文爲)

"아이고! 이런, 선생님이 군자에 관해 그렇게 말씀하셨는데. 지금 네 마리 말이 이끄는 수레로도 대부가 한 말을 따라 잡을 수 없소이다(駟不及舌).

문채가 본 바탕과 같고 본바탕이 문채이니(文猶質也 質猶文也) 만약 무늬가 없다면 호랑이와 표범의 털을 뽑은 가죽이 개와 양의 털을 뽑은 가죽과 같지 않겠습니까?"『논어(論語)』 안연(顏淵)편에 나오는 이야기다.

본 바탕이 군자의 자질을 갖추고 있으면 그것을 표현하는 것도 군자 다워야 한다. 본 바탕만 중요하다면 범가죽이나 개가죽이나 마찬가지로 군자와 소인을 구별하기 어렵다는 것이다.

극자성은 아마도 군자는 본질이 더 중요하다는 것을 강조하고 싶었던 것일 게다. 공자(孔子)를 따라다니며 군자에 관한 이야기를 자주 들은 자공(子貢)은 극자성이 성급하게 하는 말에 크게 놀라며 공자가 한 말이 아깝다고 한다. 그러면서 극자성이 한 말은 네 마리의 말이 끄는 마차로 달려가 잡아도 결코 잡을 수 없겠다고 경계를 한다. 공자는 군자라면 문질(文質), 어느 것도 소홀히 할 수 없다고 하였다. 질이면 그만이라는 극자성의 말은 바로 예문(禮文)을 무시한 것이다. 예악의 범절을 무시한다면 군자와 소인을 어떻게 구별하겠는가. 자공은 이를 지적하였다.

여기서 駟不及舌(사불급설)이라는 말이 나왔다. 말을 한번 실수하면 아무리 빠른 발걸음으로도 따라잡을 수 없다는 것을 의미한다.

많이 배우고 교양이 넘치는 듯 한 사람이 종종 그 기대를 깨는 말을 한다. 정부 인사 가운데는 어처구니없는 언변으로 자신뿐만 아니라 발탁한 이에게까지 누를 끼쳤다. 말 한 마디로 천 냥 빚을 갚는다는 게 옛이야기만은 아니다. 지도자라면 지도자다운 예문(禮文)을 갖추고 그대로 행동해야 한다.

駟 : 한 수레에 메우는 네 마리 말 사, 不 : 아니 불, 及 : 미칠 급, 舌 : 혀 설

95
"일의 빈 구석이나 잘못된 것을 임시변통으로 꿰매다"

—

彌縫
(미봉)

춘추시대 주(周)의 환왕은 천자의 권위를 세우고자 했다. 당시 정(鄭) 장공(莊公)이 제후 중에는 가장 강했다. 환왕은 장공을 굴복시켜 왕실의 권위를 회복하고자 장공이 쥐고 있던 정치적 실권을 박탈했다. 이에 장공이 크게 반발하니 환왕은 이를 빌미삼아 토벌에 나섰다. 왕이 중앙군이 되고 괵공 임보가 우군, 채나라와 위나라 군대가 이에 속했다. 주공흑견이 좌군이 되어 진나라 군대를 지휘했다.

막강한 토벌군에 맞서 정나라에서는 공자 원(元)이 좌익을 두어 채와 위를 막도록 하고 또 따로 우익을 두어 진에 대항하기를 청하고 이렇게 말했다.

"진나라는 어지러워서 사람들이 싸울 마음이 없습니다. 만약 이쪽에서 먼저 덤빈다면 반드시 물러날 것입니다. 왕의 군사가 이를 보면 반드시 무너질 것이고 채와 위도 견디지 못해 달아날 것입니다. 이렇게 하는 동안 우리 군사가 왕군에게 집중 공세를 편다면 일이 이루어질 것입니다."

장공은 이 의견을 받아들여 대부 만백(曼伯)에게 우익, 상경제중(上卿祭中)에게 좌익을 맡겼다. 원번, 고거미는 중군이 되어 장공을 보호하여 어려의 진을 쳤다(曼伯爲右拒, 祭仲足爲左拒, 原繁, 高渠彌以中軍奉公, 爲魚麗之陳). 전차를 앞에 두고 보병을 뒤에 두어 빈틈없이 두루 작전 계획을 세웠다.(先偏後伍, 伍承彌縫)

이 계책이 성공하여 정나라 군대가 총공세를 펴니 왕군이 크게 패했다. 축담이 왕을 쏘아 어깨를 맞추었다. 이 싸움으로 장공은 이름을 천하에 떨치고 패자(覇者)의 길을 열게 된다. 『춘추좌씨전』에 나온 이야기다.

彌縫(미봉)이란 말이 여기서 나왔다. '일의 빈 구석이나 잘못된 것을 임시변통으로 이리저리 주선하여 꾸며 댄 것'을 의미한다. 彌는 두루, 縫은 꿰매다는 뜻. 글자 그대로는 터진 것을 두루 꿰맨다는 거다. 급할 때는 임시 조치로 미봉책을 쓰는 때도 있겠지만, 사전에 준비를 철저히 하여 대비하여야 한다. 특히 큰 조직에서는 미봉책에 의지해서는 안 된다.

彌:두루 미, 縫:꿰맬 봉

96
"이익이나 권력을 혼자 독점하다"

—

壟斷
(농단)

고대에 저자는 서로 없는 물건을 교환해 쓰기 위한 장소였다. 지금의 시장과 같이 이윤을 얻기 위한 곳이 아니었다. 내가 가진 것으로 내가 안 가진 것을 바꾸는 것이 주된 일이었고 관리들은 그와 같은 교환이 순조롭게 이루어지도록 감독할 따름이었다.

그런데 어떤 교활한 작자가 나타나더니 한 밑천 잡으려고 작정을 했다. 그는 많은 물건을 가지고 장이 서는 곳에 오자 우선 높은 곳에 자리를 잡았다. 그리고는 좌우를 살피고는 시장의 이익을 깡그리 긁어 모으려고 들었다(有賤大夫焉 必求龍斷而登之 以左右望而罔市利).

아무도 이익을 보려고 하지 않고 높은 데 자리잡고 어디든지 잘 내려다 보니 그는 장사가 잘 되었다. 그 후 그는 언제나 이 용단(龍斷)을 차지하고는 물건을 팔았다. 있는 것을 가지고 없는 것으로 바꾸는 것에 만족했던 사람들의 눈에는 시장의 이익을 독점해 가는 이 사내가 하는 짓이 곱지 않았다.

사람들이 모두 그를 천하게 여기는 고로 쫓아가서 세금을 받아냈으니 장사치에게 세금을 받아내는 법이 이 비루한 작자로부터 시작되었다(人皆以爲賤故 從而征之 征商 自此賤丈夫始矣).

이야기는 『맹자(孟子)』의 공손추(公孫丑) 하편에 나온다. 여기서 말하는 龍斷(용단)이 지금 우리가 쓰는 壟斷(농단)이라는 말이 되었다. 맹자가 제(齊)나라에서 벼슬을 그만두고 돌아가려고 하자 제 선왕(宣王)이 사자를 보내 나라 한 복판에 맹자의 집을 마련하여 주고 '만종의 녹'을 주어 제자를 기르도록 할 것이며 여러 관리와 백성이 존경하고 또 본받게 할 것이니 머물러 달라고 요청을 했다.

하지만 맹자는 "내가 만일 부자가 되고 싶었더라면 십만을 싫다 하고 만을 받는 것이 그것이 부자가 되고 싶은 것인가?"하고 이 '농단의 천장부'이야기를 했다.

맹자라고 부가 싫었겠는가 마는 그는 市利(시리)를 농단하는 천장부처럼 염치가 없는 짓을 할 수 없다고 한 것이다. 농단은 본래 높은 언덕이라는 뜻인데 이익이나 권력을 혼자 독점하는 것을 말한다. 농단하는 자, 뒷끝이 좋지 않고 많은 사람을 불행하게 한다.

壟:언덕 농, 斷:끊을 단

97
"꾸준히 노력하면 안 되는 게 없다"

—

愚公移山

(우공이산)

태형(太形), 왕옥(王屋) 두 산은 사방 칠백 리요, 높이가 매우 높았다. 본래 기주(冀州)의 남쪽, 하양(河陽)의 북쪽에 있었다. 북산(北山)에 우공(愚公)이란 사람이 나이 구십이 되었는데 앞에 산을 두고 뒤로도 산이 막아 나들이를 할 때는 멀리 돌아다녀야 했다. 하루는 우공이 가족을 모아 의논하기를 "나와 너희들이 힘을 다하여 험산을 깎아내려 예남과 한음(漢陰)까지 통하게 하면 어떻겠느냐?"

이에 가족은 논란 끝에 그렇게 하기로 하였다. 그 처만이 의문을 제기했다.

"당신의 힘으로는 괴부(魁父)의 언덕도 어쩌지 못했는데 태형과 왕옥 산을 어떻게 해보겠다고요? 그만 두세요."

우공이 말했다.

"발해의 끝, 은토의 북에다 버리면 되오."

마침내 자식과 손자들을 이끌고 흙을 파서 발해만으로 날라버리고 돌아오니 1년이 걸렸다. 이것을 본 친구 지수(智叟)가 비웃으며 그만두라고 했다.

"한심하다 친구여. 여생 동안 그 여력으로 산을 터럭만큼이라도 옮길 수 있겠는가. 그 토석을 또 어쩌고?"

우공은 길게 탄식을 하고 말했다.

"자네는 생각이 굳었네 그려. 내가 죽어도 내 아들들이 있지 않은가. 그 아들이 손자를 낳고 그 손자가 아들을 낳고 그 아들이 아들을 낳고 그 아들이 또 손자를 낳고, 자자손손 무궁하지 않는가? 그 아이들이 산을 계속 깎아 나른다면 산은 더이상 높아지지 않으니 어찌 평평해지지 않겠는가?"

지수는 말문이 막혔다. 그런데 이 말을 들은 산신령이 깜짝 놀랐다. 그래서 옥황상제에게 말려주도록 간청하였다. 하지만 옥황상제는 우공의 지성에 감동하여 가장 힘이 센 과아 씨를 시켜 두 산을 들어 옮겨 하나는 삭동에게 두고 하나는 옹남에 두게 하였다. 『열자(列子)』 탕문편(湯問篇)에 나오는 이야기다.

愚公移山(우공이산)이라는 말은 여기에서 나왔다. '어리석은 사람이 산을 옮긴다'는 게 원 뜻인데 지금은 '꾸준히 노력하면 안 되는 게 없다'는 뜻으로 쓰인다.

같은 뜻으로 철저성침(鐵杵成針 : 쇠 방망이를 갈아 바늘을 만들다)이 있다.

愚 : 어리석을 우, 公 : 공변될 공, 移 : 옮길 이, 山 : 뫼 산

98
"노름꾼이 남은 밑천을 다 걸고 최후의 승부를 하다"

—

孤注一擲
(고주일척)

북송(北宋) 진종(眞宗)때 요(遼)나라가 대군을 이끌고 송나라를 공격해 왔다. 일시에 네 곳이 무너져 조정이 뒤숭숭했다. 진종은 긴급 어전회의를 열어 대책을 논의했다.

대신 왕흠약(王欽若)이 입을 열었다. "거란은 병력이 많고 용맹하니 그들과 정면으로 대적하여 이길 수 없습니다. 오직 강화(講和)하는 수밖에 없습니다. 금은보화와 미녀를 다시 보내면 거란은 반드시 병사를 물릴 것입니다."

재상 구준(寇準)이 벌떡 일어섰다. "어찌 그런 말을 하는 게요. 내가 보기에는 황제께서 직접 군사를 지휘하여 사기를 진작시키면 승리할 수 있을 것입니다." 진종은 구준의 의견을 받아들여 직접 군사를 이끌고 나갔다. 그러자 송나라 군사의 사기가 크게 올라 대승을 거두고 전연의 맹약(송나라와 요나라 사이에 맺은 평화조약)을 맺어 송나라는 오랫동안 평화를 누리게 되었다. 이로 인해 구준은 전연의 맹약에 대한 자부심이 있었고 황제의 신임이 더욱 두터워졌다. 이에 왕흠약(王欽若)은 구준을 시기하고 가슴에 한을 품었다.

어느 날 조회가 끝나고 구준이 물러나자 왕흠약이 진종에게 다가가 이렇게 말했다.

"폐하께서 구준을 매우 총애하시는데 구준이 나라를 위한 공이 있습니까?"

"그렇소."

흠약이 다시 말했다.

"전연의 맹약을 폐하는 수치로 여기지 않고 구준이 나라에 공이 있다고 하시니 무슨 까닭입니까?"

진종은 두 눈을 크게 뜨고 왕흠약을 바라보며 "그게 무슨 말인게요?" 하였다. "성 아래에서 맹약을 하는 것은 역사의 수치입니다. 전연의 맹약은 바로 성하지맹입니다. 황제가 성 아래에서 맹약을 했으니 그 어찌 수치가 아니겠습니까?" 이 말을 듣자 진종은 처량하고 슬픈 생각이 들었다.

흠약이 진종의 얼굴을 살피며 말했다.

"폐하께서는 도박에 대해 들으셨습니까? 노름꾼이 계속 잃어 돈이 다 떨어지려고 하면 가진 것을 한 판에 모두 겁니다. 이것을 고주(孤注)라고 합니다. 폐하는 구준의 고주(孤注)였사오니 이 역시 위험했습니다 (陛下 寇準之孤注也, 斯亦危矣)."

이로 인해 진종은 구준에 대한 총애가 식어 다음해 재상에서 파면하여 형부상서(刑部尙書)로 임명하고 지섬주(知陝州)로 좌천시켰다. 구준은 후에 유배지인 뇌주(雷州)에서 죽고 말았다.

『송사(宋史)』 구준(寇準)전에 나온다. 여기서 '고주일척'(孤注一擲)이라는 고사성어가 나왔다. 노름꾼이 계속하여 잃을 때 마지막으로 나머지 돈을 다 걸고 일거에 승부를 겨루는 일을 말한다. 포커에서 가지고 있던 돈을 한 판에 전부 거는 것을 말하는 '올인'(all in)에 해당하는 말이다.

고주일척은 전력을 기울여 어떤 일에 모험을 거는 것을 비유하는 뜻으로 쓰인다. 솥을 깨뜨리고 배를 가라앉힌다는 뜻인 파부침주(破釜沈舟)와 같은 뜻이다. 고주(孤注)라는 말은 송(宋) 사마광(司馬光)의 『속영기문(涑水記聞)』 6권에 나온다. 일척(一擲)은 한 차례로 모든 것이 결정되는 승부를 말하는데 『진서(晉書)』 85권 하무기열전(何無忌列傳)에 나온다.

무슨 일이든 철저히 대비하고 고주일척하는 일이 없어야 한다. 고주일척은 위험부담이 크다. 지도자라면 그런 상황에 처하지 않도록 해야 한다.

孤 : 외로울 고, 注 : 물 댈 주, 一 : 한 일, 擲 : 던질 척

99
지게미와 쌀겨로 끼니를 하며 함께 고생한 아내

—

糟糠之妻
(조강지처)

후한(後漢) 광무제(光武帝)에게는 호양공주(湖陽公主)라는 누이가 있었
는데 과부가 되었다. 광무제는 누나를 다시 시집보낼 생각으로 의향을
물었다.

"송홍(宋弘)은 위용이 있고 덕을 갖추었습니다. 여러 신하들은 그에
미치지 못합니다."

호양공주는 송홍이라면 재혼을 하겠다는 뜻을 밝혔다. 송홍은 학문
과 충성심이 뛰어나 무제가 즉위한 다음해 대사공(大司空)이 되었는데
녹봉을 친족들에게 모두 나눠 주어 가산이 없었다. 무제는 누이의 소원
을 들어주겠다고 약속을 하고 나중에 송홍이 공무로 편전에 들어오자
공주를 병풍 뒤에 숨겨두고 넌지시 이런 말을 했다.

"항간에 지위가 높아지면 친구를 바꾸고 부유해지면 아내를 바꾼다
고 하는데 그럴 수 있는 일인지요(諺言 貴易交 富易妻人情乎)?"

송홍은 서슴지 않고 이렇게 답변했다.

"가난하고 천했을 때의 친구는 잊어서는 안 되고 지게미와 쌀겨를 먹으며 고생을 함께 한 아내는 집에서 내보내지 않는다고 신은 들었습니다(臣聞 貧賤之知不可忘 糟糠之妻不下堂)."

송홍이 물러가자 광무제는 호양공주에게 조용히 말했다.

"일이 틀린 듯 합니다(事不諧矣)."

『후한서』 송홍전에 나오는 이야기다. 여기서 糟糠之妻(조강지처)라는 말이 나왔다. 지게미와 쌀겨로 끼니를 하며 함께 고생한 아내를 말하니 가난하고 힘들 때 함께 고생한 아내를 말한다.

일전에 미국에서도 조강지처 논쟁이 있었다. 공화당 대통령 후보 존 매케인 의원의 첫 번째 부인 캐롤 매케인에 관한 것이다. 미모의 수영복 모델이던 캐롤 셰프는 1965년에 젊은 해군조종사 매케인과 결혼을 했다. 매케인은 얼마 후 베트남전에 참전했고 캐롤은 1969년 12월 교통사고 때문에 23차례 수술을 받았다. 이후 포로생활을 거쳐 귀환한 매케인은 백만장자 딸이자 로데오 미인대회 입상자 출신인 신디를 만났고, 결국 조강지처를 헌 신짝처럼 버렸다. 그런데도 캐롤은 변함없이 전 남편의 성을 쓰고 자신을 버린 전 남편을 여전히 두둔한다고.

糟 : 술지게미 조, 糠 : 살겨 강, 之 : 어조사 지, 妻 : 아내 처

100
"약한 자의 고기는 강한 것이 먹게 된다"

—

弱肉强食
(약육강식)

당(唐)나라 때 문창(文暢) 스님은 매우 호방한 사람이었는 듯하다. 그는 스님이면서 문학을 좋아하고 유학에도 관심이 깊었다. 세상을 돌아다니며 그는 많은 유학자들을 만나 담소를 하고 시를 받았다. 그렇게 모든 시가 수백 편에 이르렀다.

그를 위해 유종원이 한유(韓愈)에게 글을 부탁하자 한유가 문창에게 지어주니 바로 '송부도문창사서(送浮屠文暢師序)'이다. 한유는 이 글에서 문창이 몸담고 있는 불교를 배척하고 유학을 권하는 내용을 담았다.

"문창은 스님이다. 불교에 관하여 묻고 싶었다면 마땅히 그의 스승에게 찾아가서 물었을 것이지 무슨 연유로 우리 유학자를 찾아와 요청했겠는가.

그는 우리의 군신, 부자간의 큰 윤리와 문물과 예악이 융성함을 보고 그 마음에 따르고자 하는 바가 있을 것이다. 다만 불법에 얽매여 유학에 들어오지 못하고 있다. 따라서 성인의 말씀을 듣기를 좋아하여 시를 요청한 것이다.

우리는 마땅히 그에게 요순과 삼왕의 도와 일월과 성신이 운행하는 원리와 천지가 분명한 소이, 귀신이 눈이 보이지 않는 까닭, 사람과 만물이 번성하는 이유, 강물이 흐르는 이치를 일러주어야 한다."

그리고는 "새들이 머리를 숙여 모이를 쪼다가 다시 머리를 들고 사방을 둘러보는 것이나, 짐승들이 깊숙이 숨어살며 가끔씩 나오는 것은 다른 짐승이 자기를 해칠까 두려워하기 때문이다. 그런데도 그 상태를 벗어나지 못한 채 약한 자의 고기가 강한 자의 먹이가 되는(弱之肉 强之食) 미개한 상태를 되풀이 하고 있다"고 했다.

'송부도문창사서(送浮屠文暢師序)'라는 글은 한유의 문집인 『한창려집(韓昌黎集)』에 들어있다. 여기서 '弱肉强食(약육강식)'이라는 말이 나왔다. '약한 자의 고기는 강한 것의 먹이가 된다'는 뜻이다.

지금은 치열하고 냉혹한 생존 경쟁의 세계에서 강한 자만이 살아남는다는 말이 되었다. 일본의 끊임없는 독도 도발은 국제사회가 본질적으로 弱肉强食의 세계임을 실감나게 한다. 그런데 우리는 약자인가, 강자인가.

약육강식과 같은 뜻으로 이강능약(以强凌弱)이 있다. 강한 것으로 약한 것을 능멸한다는 뜻으로 『장자(莊子)』 도척(盜跖)편에 나온다. 반대 뜻으로는 공존공영(共存共榮)이 있다.

弱 : 약할 약, 肉 : 고기 육, 强 : 강할 강, 食 : 밥 식

101
"여우가 호랑이의 위엄을 빌려 위세를 부린다"

—

狐假虎威

(호가호위)

전국시대 초(楚) 선왕(宣王) 때 장군이자 재상인 소해휼(昭奚恤)이 실권을 잡고 있었다. 한 번은 초선왕이 군신(群臣)들에게 이렇게 물었다.

"북방의 모든 나라가 우리 소해휼을 무척 두려워하고 있다는데 사실은 어떠한가?"

하지만 즉석에서 대답하는 사람은 한 사람도 없었다. 그러자 강을(江乙)이라는 위(魏)나라 출신 변사가 나섰다.

"호랑이는 모든 짐승을 잡아먹는데 한 번은 여우를 잡았습니다. 여우가 호랑이에게 이렇게 말했습니다.

'절대로 나를 잡아먹어서는 안 되느니라. 하늘의 신이 나를 백수의 장으로 삼았으니 지금 나를 잡아먹으면 이는 하늘의 뜻을 거역하는 것이 된다(子無敢食我也, 天帝使我長百獸, 今子食我, 是逆天帝命也). 만일 내 말이 믿어지지 않거든 내가 앞서 갈 터이니 뒤를 따라오며 보라, 나를 본

짐승들이 모두 도망치는 것을 볼 것이다(子以我爲不信, 吾爲子先行, 子 隨我後, 觀百獸之見我而敢不走乎).'

호랑이는 그 말을 옳게 여기고 여우의 뒤를 따라 갔습니다. 그러자 여우를 본 짐승들은 모두 도망쳤습니다. 호랑이는 짐승들이 자기를 두 려워하여 도망쳤다는 것을 깨닫지 못하고 여우가 두려워서 그런 줄로 만 알았습니다(虎不知獸畏己而走也, 以 爲畏狐也). 지금 대왕의 영지는 5,000리 사방, 병력은 100만이나 됩니다. 이러한 것들은 모두 소해휼 한 사람에게 맡겨두었습니다. 따라서 북방의 여섯 나라가 해휼을 두려워 하는 것은 사실 대왕의 병력을 두려워하는 것입니다. 모든 짐승들이 호 랑이를 무서워하는 것과 같습니다."

강을은 또 이렇게 소해휼을 비방했다. "초나라가 위나라를 공격했을 때 소해휼은 위나라의 보물을 받았기 때문에 군대를 진격시키지 않았 습니다. 당시 저는 위에 있었으므로 이를 알고 있었기에 소해휼은 제가 임금님을 만나 뵙는 것을 꺼려했습니다."

『전국책』 초책(楚策)에 나온다. 여기서 狐假虎威(호가호위)라는 말이 나왔는데 여우가 호랑이의 위엄을 빌려 위세를 부린다는 말이다. 실력 이나 능력이 없는 사람이 남의 권세를 빌려 위세를 부리는 것을 비유한 다. 소해휼은 능력도 없으면서 왕을 등에 업고 위세를 부리는 여우같은 이, 초선왕은 자기가 어떠한 위치에 있는가를 자각하지 못하고 신하에 게 휘둘리는 존재로 비유됐다. 지도자가 제대로 하지 못하면 호가호위 는 늘 벌어지는 법.

호가호위와 같은 뜻으로는 장세기인(仗勢欺人)이 있다. 장세기인은 세력에 의지하여 남을 속인다는 뜻으로 『서상기(西廂記)』 제5본 제3절

"你倚父兄, 仗勢欺人(네가 아버지와 형에게 의지하는 것은 세력에 의지하여 남을 속이는 것이다)"에서 유래했다. 『홍루몽(紅樓夢)』에 나오는 '구장인세(狗仗人勢)'도 같은 뜻이다. 개가 주인을 믿고 날뛰듯이 힘있는 사람을 믿고 약자를 능멸하는 것을 비유한다.

호가호위와 반대가 되는 말은 서강부약(鋤强扶弱)이다. 강한 것을 누르고 약한 것을 돕는다는 뜻이다. 제폭안량(除暴安良)도 호가호위와 반대 뜻이다. 제폭안량은 폭압을 없애고 선량한 이를 편안하게 한다는 의미이다.

狐 : 여우 호, 假 : 거짓 가, 虎 : 범 호, 威 : 위엄 위

102
"남을 농락하여 사기로 속이다"

—

朝三暮四

(조삼모사)

춘추전국시대 송(宋)나라 저공(狙公)이 원숭이를 몹시 좋아하였다. 한 두 마리 키우다보니 점점 늘어나 큰 무리가 되었다. 그는 원숭이를 보고 그 뜻을 알아볼 수 있게 되었고 원숭이들 역시 저공의 마음을 이해하였다. 저공은 가족의 생활비를 줄여 가며 원숭이를 길러 생활이 궁핍하게 되었다. 저공은 원숭이의 먹이를 줄이려고 했으나 그들이 따르지 않을까 우려했다.

저공은 원숭이들을 속여 이렇게 말했다.

"앞으로 너희에게 도토리를 아침에 3개, 저녁에 4개를 주면 족하겠느냐(與若芧, 朝三而暮四, 足乎)?"

원숭이들은 일제히 화를 냈다. 저공이 다시 물었다.

"그럼 아침에 4개, 저녁에 3개를 주면 만족하겠느냐(與若芧, 朝四而暮三, 足乎)"

원숭이 무리는 모두 엎드리며 기뻐하였다.

대체로 물건을 가지고 지혜 있는 사람이 어리석은 사람을 농락하는 것이 이와 같다. 성인이 자기의 지혜로 어리석은 사람을 농락하는 것도 마치 저공이 원숭이 무리를 우롱하는 것과 같다.

『열자(列子)』 '황제편'에 나오는 이야기로 여기서 朝四暮三(조삼모사)가 나왔다. 똑같은 내용을 가지고 남을 농락하여 자기의 사기나 협잡술 속에 빠뜨리는 행위를 비유한다.

『장자(莊子)』 '제물론'에도 이 朝四暮三가 나온다. 장자는 "헛되이 애를 써서 한쪽에 치우친 편견을 내세우면서 모두가 하나임을 알지 못한다. 그것을 조삼(朝三)이라 한다"고 하였다. 명칭(표현)도 내용(실질)도 변함이 없는데 기쁨과 노여움이 일게 된다. 그것은 시비에 구애되어 있기 때문이다. 그러므로 역시 자연 그대로의 커다란 긍정(肯定)에 몸을 맡기고 있어야 한다고 하였다.

朝 : 아침 조, 四 : 넉 사, 暮 : 저물 모, 三 : 석 삼

103
"화씨의 옥구슬"

—

和氏璧
(화씨벽)

옛날 초나라 화씨(和氏)가 초산(楚山)에서 돌 모양을 한 옥덩어리를 발견하여 초여왕에게 바쳤다. 여왕은 기뻐하여 옥인(玉人：보석을 감정하는 이)에게 감정하도록 하였는데, 옥인은 "그냥 돌에 불과합니다."라고 말하였다.

여왕은 감히 왕을 속인 화씨의 죄를 물어 왼쪽 발을 자르게 했다.

얼마 후 여왕이 죽고 무왕(武王)이 왕위에 올랐다. 화씨는 그 옥을 가지고 다시 새 왕에게 바쳤다. 무왕 역시 옥인에게 감정을 하도록 했더니 또 "돌이옵니다(石也)"라는 대답이 돌아왔다. 무왕도 화씨가 거짓말을 한다고 하여 그 오른쪽 발을 자르는 벌을 주었다.

세월이 흘러 무왕이 죽고 문왕(文王)이 즉위하였다. 화씨는 그 옥을 안고 초산 기슭에 앉아 대성통곡을 했다. 그렇게 사흘 밤낮을 울고 나니 눈물이 말라버리고 이어서 피가 나왔다(三日三夜 淚盡而繼之以血).

문왕이 그 이야기를 듣고 신하를 보내 연유를 알아보게 하였다.

"세상에 발 잘린 사람이 많은데 너는 어찌 그렇게 슬프게 우느냐?"

화씨는 신하를 돌아보며 목이 메여 이렇게 말했다.

"나는 발이 잘린 것이 슬픈 게 아니오. 보옥을 일러 돌이라 하고 곧은 선비를 일러 거짓말장이라고 하니 아는 것을 슬퍼하는 것이오."

문왕은 곧 옥인을 불러 그 옥을 다듬게 하여 보석을 얻게 되었다. 그것을 이름하여 화씨의 구슬(和氏之璧)이라 불렀다.

무릇 옥은 임금이 원하는 것이다. 화씨가 바친 구슬돌이 비록 아름답지 못해도 왕에게 해가되는 것은 아니다. 그런데 오히려 두 발을 잘리고 나서야 보배라는 것을 말하게 된다. 보물을 말하는 것은 이와 같이 어렵다(論寶若此其難也).

이상은 『한비자』의 화씨편에 나오는 이야기로 여기서 '화씨의 벽'이라는 말이 나왔다. 이는 '완벽(完璧)'이라는 말의 어원이 된 전설의 옥을 말한다.

세상에는 알아주는 구슬보다 그 가치를 알지 못하는 구슬이 더 많다. 그것으로 위안을 삼고 열심히 살자.

和:화합할 화, 氏:각시 씨, 璧:둥근 옥 벽

104
"중국 전국시대 생존경쟁을 위한 외교술"

—

合縱連橫
(합종연횡)

전국시대 소진(蘇秦)과 장의(張儀)는 세객(說客)으로 중국을 세 치의 혀와 두 다리로 휩쓸었다. 뛰어난 말솜씨를 지닌 그들을 채용해 줄 나라를 찾아 당시 연(燕), 제(齊), 조(趙), 한(韓), 위(魏), 진(秦) — 일곱 나라를 주유하였는데, 그 둘은 귀곡(鬼谷)선생에게 수학한 동문이었다.

귀곡 선생(학식이 매우 풍부하고 점도 잘 쳤으며 『귀곡자(鬼谷子)』라는 저서를 남김) 밑에서 공부를 마치고 산을 내려온 소진은 집에서 머물때 형수를 비롯한 가족들의 박대가 이만저만이 아니었지만 1년을 버티고 드디어 자신을 써줄 군주를 찾아 나섰다. 하지만 주(周)나라 왕도, 진(秦)도, 조(趙)나라도 상대해주지 않아, 그는 멀리 연(燕)나라에 가서 겨우 변설이 빛을 보게 되었다. 소진이 진언한 정책을 연왕이 받아들인 것이다.

이를 합종(合縱)이라고 하는데 세로를 맞춘다는 의미로 연과 조, 제, 위, 한, 초나라가 세로 즉 남북으로 손을 잡고 강국인 진에 대항하려는 것이다. 연·조·위 등 여섯 나라는 급속히 강대해진 진을 몹시 두려워했는데 소진은 그 공포심을 이용하여 서로 공동방위에 나서게 하고 그 조직을 자신이 맡아서 하려고 했다. 연왕의 지원을 받은 소진은 조·한·위·제·초나라를 순방하여 연맹하게 하고 여섯 나라의 재상이 되었다.

소진이 이렇게 출세를 하자 장의가 조나라로 소진을 찾아왔다. 하지만 소진은 장의를 박대하여 내쫓아버렸다. 장의는 이를 갈며 그 길로 진(秦)나라로 갔다. 그런데 어떤 사람이 장의를 이끌며 여관비를 내주고 의복이며 수레며 말까지 사주고 도와주었다. 장의가 진의 객경(客卿)이 되자 그는 이 모든 것이 소진의 계획에 의한 것이라고 말하고 진은 소진의 합종책을 방해하니 그 손발을 묶어놓는 일을 해달라고 말한다.

장의는 점차 능력을 인정받아 재상이 되자 연형(連衡) 책을 썼다. 6국 가운데 한 나라와 동맹을 맺어 합종을 깨뜨리고 여섯 나라를 모두 고립되게 하여 하나하나 격파하여 진에 신하의 예를 취하게 한 후 아예 병탄하는 책략이다. 이는 옆으로 연하는 형태가 되므로 합종에 대해 연형이라고 한다. 장의는 소진이 이룬 합종을 완전히 깨뜨려 버렸다. 『사기』소진전, 장의전에 나온다. 여기서 合縱連橫(합종연횡)이란 말이 나왔다. 합종연형(合縱連衡)이라고도 한다. 소진의 합종설과 장의의 연횡설을 아울러 이르는 말로 전국 시대 생존 경쟁을 위한 외교술을 뜻한다. 전략이 무엇인지, 앞을 예측할 수 없는 상황에서 전략을 하나하나 이뤄나가는 모습 등은 지금도 참고할 만하다.

合 : 합할 합, 縱 : 늘어질 종, 連 : 이을 연, 橫 : 가로 횡

105
"젊고 아름다운 여인은 운명이 기구하다"

—

佳人薄命

(가인박명)

전한(前漢)의 황제 성제(成帝, 기원전 52~기원전 7)는 스무 살에 즉위하여 어머니 왕씨를 높여 황태후(皇太后)로 하고 외숙 왕봉(王鳳)를 대사마 대장군으로 임명했다. 그리고 즉위 2년만에 허씨를 황후로 삼았다. 허 황후는 미모가 뛰어난데다 총명하여 경사(經史)에 정통하여 황제와도 잘 맞았다. 태자 시절 황제는 경서를 매우 좋아하고 너그럽고 신중하였다.

하지만 황제는 영시(永始) 원년(기원전 16) 허 황후를 폐하고 말았다. 황제가 즉위한 후 아들과 딸이 요절하니 황태후는 황후의 잘못이라고 탓하였다. 황제는 허 황후를 가인(佳人)으로 낮추고 핍박하여 자살하게 만들었다. 이 고사에서 佳人薄命(가인박명)이라는 말이 나왔다. 젊고 아름다운 여인은 운명이 기구하다는 뜻이다. 이 고사와 관련하여 송(宋)나라 신기질(辛棄疾)은 '하신랑(賀新郎)'가운데 두숙고를 보내며(送杜叔

高)'라는 글에 '自昔佳人薄命 對古來一片傷心月(옛부터 가인박명은 고래로 일편상심월과 대귀가 된다)'고 하였다. 가인박명은 여기서 유래했다.

덧붙이자면 성제는 조비연(趙飛燕)을 총애하였다. 조비연은 중국 4대 미인 중의 한 명. 조비연은 궁중의 종이었는데 그 아버지는 강소성의 악사 풍만금(馮萬金)이었다. 딸들이 모두 절세의 미인이고 노래와 춤에 능했다. 큰 딸은 몸이 제비와 같이 날씬하다고 하여 이름을 비연(飛燕)이라 했다. 황태후는 풍만금을 후(侯)에 봉하고 딸 비연을 궁중에 들여와 황후로 삼았다. 동생 합덕은 형보다도 아름다워 역시 황제의 총애를 받아 자매가 황제의 사랑을 다투었다.

佳人薄命이라는 말은 북송 시인 소식(蘇軾, 1036~1101)이 항주 · 양주 등의 지방장관으로 있을 때, 1086년부터 1088년 사이에 지은 칠언율시, '박명가인(薄命佳人)'으로 널리 알려졌다. 절에서 나이 삼십이 이미 넘었다는 여승을 보고 소식은 그녀의 아름다웠을 소녀시절을 생각하며 미인은 역사적으로 운명이 기박하였음을 시로 썼다.

"… 예로부터 아름다운 여인은 운명 기박함이 많으니, 문을 닫고 봄이 다하니 버들꽃 떨어지네(自古佳人多命薄 閉門春盡楊花落)."

유사한 말로 홍안박명(紅顔薄命), 미인박명(美人薄命), 재자다병(才子多病)이 있다.

요즘은 성형수술을 한 이들이 많다. 특히 방학 때면 학생들이 성형수술을 많이 한다. 아름다울수록 높이 평가되는 세태를 반영한 것이다. 가인박명이 이제는 수명을 다한 것인가. 그래야 할 것이다.

佳 : 아름다울 가, 人 : 사람 인, 薄 : 엷을 박, 命 : 목숨 명

106
"몇 마디 말로 핵심을 찔러 사람을 감동시킨다"

—

寸鐵殺人
(촌철살인)

송(宋)나라 때 사람 나대경(羅大經)에게는 찾아오는 사람이 많았다. 그는 찾아오는 이들과 주고 받은 청담(淸談)을 시동에게 적게 하였다. 그 책이 18권에 달했다.

한 번은 대혜선사(大慧禪師) 종고 스님이 찾아왔다. 종고 스님은 북송 임제공의 선승으로 널리 알려졌다. 그와 이야기를 나누는 중에 나대경은 삿된 생각을 버리는 방법을 물었다. 그러자 종고 스님은 이렇게 말했다.

"살인수단으로 비유하자면 사람이 수레에 병기를 가득 실고 와서 이것도 꺼내보고 저것도 꺼내보고 하는데 이는 좋은 살인수단이 되지 못합니다. 나는 오직 작은 철조각만으로도 가히 사람을 당장 죽일 수 있습니다(殺人手段譬如人載一車兵器, 弄了一件 又取出一件 來弄, 便不是殺人手段, 我則只有寸鐵便可殺人)."

스님이 살인이라니… 상상할 수 없는 이야기인데 오해하지 말기 바란다. 여기서 살인이란 '마음 속의 또 다른 나', 즉 마음속의 온갖 욕망에 젖어있는 나를 말한다. 그 나가 있는 한 큰 깨달음에 이르지 못한다. 종고 스님은 크게 깨달았는데 그 수단이 바로 촌철(寸鐵)이었다. 촌철은 비록 작은 것이지만 사물의 가장 핵심을 찔러 삿된 생각을 끊는 훌륭한 무기다. 이 또한 마음의 칼이다. 서툰 사람은 속된 생각을 끊으려고 이것저것 다 써보지만 성공하지 못한다. 하지만 스님은 오직 한 가지 깊이 생각하다가 어느 순간 벼락같이 깨치는 순간이 오고 그 때 모든 잡념이 사라진다는 것을 말한 것으로 선(禪)의 요체를 갈파한 것이다.

『학림옥로(鶴林玉露)』 을편(乙編) 제1에 나오는 내용이다. 여기서 寸鐵殺人(촌철살인)이라는 말이나 나왔다. 작은 철 조각으로 사람을 죽인다는 뜻으로 장황하게 말하지 않고 몇 마디를 던지는 것으로 사물의 가장 요긴한 데를 찔러 듣는 사람을 감동하게 하는 것을 비유한다. 변죽을 울리지 않고 정곡을 찌른 몇 마디를 말한다.

정보 홍수시대에는 많은 내용을 몇 마디로 요약하는 능력이 중요하거니와 그것으로 놀라게 하거나 감동을 주는 능력이 높이 평가된다. 학교에서도 이런 능력을 키워야 한다.

촌철살인과 같은 뜻으로 一語中的(일어중적)이 있다. 한 마디 말로 과녁을 맞힌다는 뜻이 한 마디로 정곡을 찌르는 것을 비유한다. 한 마디 말로 과녁을 깨뜨린다는 뜻의 일어파적(一語破的)도 같은 뜻이다.

寸:마디 촌, 鐵:쇠 철, 殺:죽일 살, 人:사람 인

107
"뜻이나 결심이 꺾이거나 휘어지지 않는다"

—

不撓不屈

(불요불굴)

한(漢)의 왕상(王商)은 자가 자위(子威)로 아버지가 황제의 외척이었다. 아버지가 죽자 재산을 배다른 동생들에게 모두 나눠주고 그는 조금도 갖지 않았다. 이에 대신들이 상을 추천하여 군신들이 힘쓰게 하였다. 성제(成帝)가 즉위하여 상을 더욱 중용하여 좌장군으로 삼았다.

이때 장안(長安)에 홍수가 들 것이라는 소문이 돌아 대혼란이 일어났다. 성제는 친히 어전에 나와 공경(公卿)을 불러 의견을 물었다. 성제의 장인 왕봉(王鳳)이 대장군(大將軍)은 태후와 후궁들을 배에 태우고 백성들로 하여금 장안성 위로 올라가 물을 피해야 한다고 했다. 중신들은 모두 왕봉의 의견을 따랐으나 왕상만이 홀로 반대했다.

"자고로 무도한 나라라야 물이 성곽을 위협합니다. 지금은 정치가 태평하고 전쟁이 없고 상하가 모두 편안한데 어찌 하루아침에 큰물이 몰아치겠습니까? 이는 반드시 헛소문일겁니다. 성으로 올라가라 하는 것

247

은 백성을 거듭 놀라게 하는 일입니다."

왕상이 의견을 굽히지 않자 성제는 모든 것을 중지하라고 했다. 얼마 후 왕상의 말대로 헛소문으로 판명되자 성제는 왕상의 끝까지 굽히지 않은 것을 높이 평가하고 더욱 신임하였다. 왕상은 다음해 승상이 되었다.

왕봉의 일족으로 양융이 태수로 낭사(琅邪) 태수로 있었는데 그 군에 재해(災害)가 열네 번이나 있었다. 왕상이 이를 조사하자 왕봉이 말했다. "재해는 하늘의 일이나 인력으로는 어쩔 수 없소. 융은 본래 좋은 관리이니 선처를 해주기 바라오."

왕상은 이를 듣지 않고 상주하여 마침내 양융이 파면되었다. 왕봉은 이로 인해 더욱 왕상을 원망하였다.

『한서』 왕상(王商)전에 나오는 이야기다. 이처럼 황제의 장인이라도 옳지 않은 것은 용납하지 않은 왕상에 대해 『한서』를 쓴 반고(班固)는 "왕상의 사람 됨됨이는 질박하고 성격은 불요불굴하였기 때문에 오히려 주위 사람들로부터 원한을 사게 되었다(樂昌篤實 不橈不屈 遘閔旣多 是用廢黜)"고 하였다. 『한서』 서전 하(敍傳 下)에 나온다.

여기서 不橈(撓)不屈(불요불굴)이라는 말이 나왔다. 뜻이나 결심이 꺾이거나 휘어지지 않는다는 뜻이다. 성공하겠다고 마음 먹었다면 아무리 어렵더라도 결코 꺾이거나 굽히지 말자.

不:아닐 불, 撓:흔들 요, 不:아닐 불, 屈:굽힐 굴

108
"지초와 난초 같이 향기로운 사귐"

—

芝蘭之交

(지란지교)

"내가 죽은 후에 상(商)은 날마다 더해 갈 것이요, 사(賜)는 날마다 덜해갈 것이다."

공자(孔子)가 이렇게 말하자 증자(曾子)가 놀라서 물었다. 상은 공자 제자 자하(子夏), 사는 자공(子貢)이다.

"왜 그러합니까?"

"상은 자기보다 나은 사람과 놀기를 좋아하고 사는 자기보다 못한 사람과 놀기를 좋아하기 때문이다. 사람은 누구나 아들을 알지 못할 때는 그 아비를 봐야 하며 잘 모르는 사람을 알려면 그 친구를 봐야 하며 그 군주를 잘 모를 때는 그 신하를 보아야 하며 그 땅을 알지 못할 때는 그곳의 초목을 보아야 한다(不知其子視其父 不知其人視其友 不知其君視其所使 不知其地視其草木). 고로 착한 사람과 같이 거처하면 지초와 난초가 있는 방에 들어간 것과 같아서 오래되어 그 향기를 맡을 수 없어도 곧 그에 따라 변하느니라(與善人居 如入芝蘭之室 久而不聞其香 卽與之化矣). 착하지 못한 사람과 거처하면 생선 파는 가게에 들어간 것과 같아서 오래되어 그 냄새를 맡지 못하더라도 또한 그에 따라 변화되느니라(與不善人居 如入鮑魚之肆 久而不聞其臭 亦與之化矣). 단(丹)을 감춰 두면 결국은 붉어지게 마련이고 칠(漆)을 감춰 두면 결국은 저절로 검어지게 마련이니라. 그러므로 군자는 반드시 거처하고 사귀는 바를 삼가야 하는 것이다(丹 之所藏者赤 漆之所藏者黑 是以君子必愼其所與處者焉)."

『공자가어(孔子家語)』 육본(六本) 제15에서 芝蘭之交(지란지교)라는 말이 나왔다. 지초와 난초는 둘 다 향기로운 꽃으로, 지란지교는 곧 지초와 난초처럼 맑고 깨끗하며 두터운 벗 사이의 사귐을 일컫는다. 『명심보감(明心寶鑑)』 '교우(交友)'편에도 이 내용이 그대로 실렸다.

단(丹)을 감춰 두면 붉어지고 칠(漆)을 감춰 두면 검어진다는 건 사람은 주위 환경에 영향을 받기 쉽다는 것을 일깨워준다. '近朱者赤 近墨者黑(붉은색을 가까이 하면 붉은색으로 물들고 먹을 가까이 하면 검어진다)'와 같은 내용이다. 이를 안 맹자 어머니는 세 번 이사를 했다. '맹모삼천(孟母三遷)' 성어와 상통한다.

자하는 공자가 죽은 뒤 서하(西河)에 있으면서 유생들을 가르쳤고 위문후(魏 文侯)의 스승이 되었다. 그의 아들이 죽으니 슬퍼하여 울다가 실명하였다. 자공은 장사를 잘하여 때의 형세에 따라 재물을 잘 운용하였다. 남의 아름다운 점을 즐겨 찬양하고 남의 허물을 덮어두지 못하였다. 일찍이 노나라와 위나라의 재상이 되었으며 재산이 수천 금이 되었다.

芝 : 지초 지, 蘭 : 난초 란, 之 : 어조사 지, 交 : 사귈 교

109
"변방 늙은이의 말"

—

塞翁之馬
(새옹지마)

옛날 북쪽 변방에 말을 잘 키우는 한 사람이 살았다. 사람들은 모두 그를 새옹(塞翁)이라 불렀다. 어느 날 새옹의 말이 다른 말을 따라 멀리 가서는 호인(胡人)들의 땅으로 들어갔다. 사람들이 모두 새옹을 위로했다. 하지만 새옹은 덤덤하게 말했다.

"이게 복이 될지 누가 알겠습니까(此何遽不福乎)?"

몇 달이 지나 도망간 말이 준마와 함께 돌아왔다. 마을 사람들이 이번에는 모두 축하를 했다. 새옹은 이렇게 말했다.

"이게 화가 될지 누가 알겠습니까(此何遽不禍乎)?"

집이 부유하고 좋은 말이 많아 새옹의 아들이 말타기를 좋아했다. 그가 말을 타다가 떨어져 다리를 부러뜨렸다. 사람들이 새옹을 위문했다. 새옹은 대수롭지 않은 듯 말했다.

"이게 복이 될지 누가 알겠습니까?"

일 년이 지나자 호인들이 대거 쳐들어왔다. 젊은이들이 모두 징발되어 전쟁에 나갔다. 인근 변방의 젊은이들 가운데 죽은 자가 열에 아홉이었으나 다리가 부러진 아들만 홀로 난을 피해 부자 모두 생명을 보존했다. 따라서 복이 화가 되고 화가 복이 되어 그 변화가 다 할 수 없이 심하여 예측할 수 없다(故福之爲禍 禍之爲福 化不可極 深不可測也).

서한(西漢) 유안(劉安)이 펴낸『회남자(淮南子)』인간훈(人間訓)에 나온 이야기다 여기서 塞翁之馬(새옹지마)라는 말이 유래됐다. 변방 늙은이의 말이라는 뜻으로 인간만사 길흉화복(吉凶禍福)이 변화 무상하여 예측할 수 없다는 것을 비유한다. 塞翁得失(새옹득실), 塞翁失馬(새옹실마), 塞翁禍福(새옹화복), 塞翁馬(새옹마)라고도 한다. 대저 화복이 바뀌고 서로 일어나 그 변화를 예측하기 어렵다(夫禍福之轉而相生 其變難見也)는 뜻이다.

이 고사를 두고 원(元)나라 희회기(熙晦機) 스님이 시를 한 편 지었는데 그 시구에 이런 내용을 담았다.

"인간사 모든 것은 새옹의 말과 같노라(人間萬事塞翁之馬)/ 추침헌 가운데서 빗소리를 들으며 잠이나 자련다(推枕軒中聽雨眠)." 이후로 人間萬事 塞翁之馬라는 말이 인구에 회자되기 시작했다.

세상살이에는 길흉화복이 언제 찾아올지 모를 만큼 변화가 끊임없이 일어난다. 그 변화에 홀려 지나치게 기뻐하거나 슬퍼하지 말자.

塞:변방 새, 翁:어르신네 옹, 之:어조사 지, 馬:말 마

110
"관중과 포숙아의 두터운 우정"

—

管鮑之交
(관포지교)

관중(管仲) 이오(夷吾)는 영상(潁上) 사람이다. 젊어서는 항상 포숙아(鮑叔牙)와 교유하였는데 포숙은 그가 현명한 사람임을 알았다. 얼마 뒤 포숙은 제나라 공자 소백(小白)을 섬기고 관중은 공자 규(糾)를 섬겼다. 소백이 임금이 되어 환공(桓公)이 되자 공자 규는 죽었으며 관중은 체포되어 구금되었다. 포숙은 관중을 환공에게 추천하였다. 관중은 등용되자 제나라의 정사를 맡았다. 환공이 패자(霸者)가 되어 제후들을 규합하고 천하를 바로잡은 것은 다 관중의 계책에 따른 것이다. 관중은 자기를 믿고 구해주고 마침내 정승이 되게 한 친구 포숙아에 대해 이렇게 말했다.

"내가 처음 곤궁했을 때 포숙과 장사를 함께 했다. 이익을 나눌 때 내가 항상 많이 가졌다. 그러나 포숙은 나를 탐욕스럽다고 하지 않았다. 내가 가난한 것을 알기 때문이다. 내가 일찍이 포숙을 위하여 일을 꾀한 적이 있는데 다시 곤궁하게 되었다. 그러나 포숙은 나를 어리석다고 하지 않았다. 시운(時運)이란 유리한 때도 있고 불리한 때도 있다는 것을 알기 때문이다.

내가 일찍이 세 번 벼슬하여 세 번 임금에게 쫓겨난 일이 있었다. 하지만 포숙은 나를 어리석다고 여기지 않았다. 내가 때를 못 만났다는 것을 알기 때문이다. 내가 전에 싸움에서 세 번 싸우다 세 번 달아났다. 포숙은 나를 비겁하다고 하지 않았다. 내게 노모가 있는 것을 알기 때문이다. 공자 규가 싸움에서 패하니 소홀(召忽)은 죽었으나 나는 붙잡혀 옥에 갇혔다. 그러나 포숙은 나를 부끄러움을 모르는 사람이라고 하지 않았다. 내가 작은 절개를 굽히는 것을 부끄러워하지 않고 공명이 천하에 드러나지 않는 것을 부끄러워한다는 것을 그는 알고 있기 때문이다. 나를 낳은 이는 부모이고 나를 알아주는 이는 포숙이다(生我者父母, 知我者鮑子也)."

관중이 정승이 되자 보잘것없는 제나라가 바닷가에 있는 점을 활용하여 물자를 유통시키고 재물을 축적하고 나라를 부유하게 하고 군대를 강하게 만들었다. 세상 사람들은 관중이 재지(才智)가 있음을 칭찬하기 보다는 포숙이 능히 사람을 알아보는 것을 칭찬하였다. 관중의 자손은 대대로 제나라의 녹을 먹었으며 10여 세에 걸쳐 봉읍(封邑)을 받았는데 항상 유명한 대부가 되었다. 『사기』 관영열전에 나온다. 여기서 '管鮑之交(관포지교)'라는 말이 유래했다. 관중과 포숙아의 사귐이라는 뜻으로 친구 사이의 두터운 우정이나 교유관계를 말한다. 지금도 이런 교유를 말하는 건 보기 드문 까닭인가.

管 : 대롱 관, 鮑 : 절인 어물 포, 之 : 어조사 지, 交 : 사귈 교

111
"가난에 구애받지 않고 도를 즐기다"

—

安貧樂道
(안빈낙도)

행실은 항상 상층을 밟을 것을 생각해야 되고, 생활하는 데는 항상 하층에 처할 것을 생각해야 된다. 만일 내가 이미 평범한 사람이라면 착한 사람 되기를 생각해야 하고 착한 사람이면 군자(君子)와 대현(大賢)이 되어 성인(聖人)이 되기를 생각해야 하니, 이는 꾸준히 노력하는 데 달렸다. 만약 큰 집에 살고 고량진미(膏粱珍味)를 먹고 지낸다면,

"내가 장차 초가집에 살면서 거친 음식을 먹고 지내더라도 원망하지 않으리라."

생각해야 하고 또 초가집에 살며 나물밥을 먹고 살면서,

"내가 장차 토담집에 살면서 굶주려 죽더라도 원망하지 않으리라."

생각한다면 이는 겸손한 것이다. 대저 이와 같다면 어디 간들 편안하고 태평하지 않겠는가.

이덕무의 『청장관전서(靑莊館全書)』 가운데 '이목구심서 3'에 나오

는 내용이다. 세상을 이렇게 살면 저자의 말대로 어디 간들 편하고 태평스럽겠다. 요즘 부쩍 안빈낙도의 길을 생각하게 되니 다 경제가 어려운 탓이다.

『논어』 옹야(雍也)편에는 "한 바구니 밥을 먹고 한바가지 물을 마시며, 누항(陋巷)에 있는 것은 사람마다 그 근심을 견딜 수 없는 일인데, 안회(顔回)는 그 즐거움을 고치지 아니하니, 어질도다 안회여!" 하였다. 여기서 나온 단사표음(簞食瓢飮)이 매양 안빈낙도(安貧樂道)를 나타내는 말이 되었다.

安貧樂道라는 말은 『후한서』 위표(韋彪)전에 나온다. 위표는 학문을 좋아하여 유종(儒宗)이라는 아름다운 칭호를 얻었다. 효렴(孝廉)에 천거되어 낭중(郎中)이 되었으나 병으로 사직하고 교수가 되었다. 그는 가난하여도 그에 구속되지 않고 도를 즐기며 참된 멋을 즐기어 장안의 선비들이 그를 존경하지 않은 이가 없었다(安貧樂道 恬於進趣 三輔諸儒莫不慕仰之).

'安貧樂道'란 구차하고 궁색하면서도 그것에 구속되지 않고 평안하게 즐기는 마음으로 살아가는 것을 뜻한다. 하지만 이덕무의 말도 새겨두라. "서민들이 안빈낙도하지 않는다고 책하는 것은 또한 관대하지 못한 것이다. 대저 안(安)이라는 것은 스스로 편안하게 여기는 것을 말한다."

안빈락도와 같은 뜻으로 安貧守道(안빈수도)가 있다. 송(宋) 소식(蘇軾)의 천포의 진사도장(薦布衣陣師道狀)에 나오는 말로 가난한 것을 편안하게 여기고 도를 지킨다는 뜻이다.

安 : 편안 안, 貧 : 가난할 빈, 樂 : 즐길 낙(락)/ 노래 악/ 좋아할 요, 道 : 길 도

112
"꾀 많은 토끼가 굴을 세 개나 준비한다"

—

狡兎三窟
(교토삼굴)

제(齊)나라 맹상군(孟嘗君)이 빈객을 우대하니 식객이 수천 명이나 되었다. 그 소문을 듣고 풍환(馮驩)이 짚신을 신고 찾아왔다. 그는 오자마다 고기반찬이 있니 없니, 수레가 없어 외출을 못하네 하며 불평을 일삼았다. 원하는 대로 해주어도 그의 불평은 계속되어 맹상군은 기쁘지가 않았다.

이때 맹상군은 설(薛)땅의 사람들에게 돈을 빌려주었으나 갚지 않는 이가 많았다. 이를 근심한 맹상군은 풍환에게 청하여 빚을 받아오게 하였다. 설에 도착한 풍환은 십만을 받고는 많은 술을 빚고 살찐 소를 잡아 돈을 빌려간 모든 사람을 초청했다. 그러고는 갚을 능력이 있는 이에게는 기일을 약정하고 가난하여 갚을 능력이 없는 이에게는 차용증서를 받아 불살라 버렸다.

맹상군은 풍환이 차용증서를 불살라 버렸다는 말을 듣고 성내어 풍환을 소환하여 질책했다.

풍환은 "10년 걸려도 독촉하더라도 회수할 가망이 없고 이식만 점점 많아지는 빚 문서는 불살라 버려서 받을 수 없는 헛 계산을 버림으로써 설의 백성으로 하여금 주군을 친애하고 주군의 착한 명성을 드러나게 한 것입니다. 주군께서 무슨 의아하게 여기는 일이라도 있습니까?"하였다.

이에 맹상군은 손뼉을 치며 치하했다.

그로부터 일년이 지나 참소를 입어 맹상군이 파면되자 삼천이나 되는 식객들이 모두 떠나갔다. 다만 풍환만이 남아 맹상군을 설로 안내했다. 설에서 100리나 되는 곳에 이르자 백성들이 노인을 업고 아이의 손을 잡고 맹상군을 마중 나왔다. 맹상군은 풍환을 돌아보며 "선생이 나를 위해 사 주신 의(義)라는 것을 오늘 잘 보았습니다."라고 말했다.

풍환은 이렇게 말했다. "영리한 토끼라도 세 개의 구멍이 없으면 죽음을 면할 수 없습니다(狡兎有三窟). 지금 공은 구멍이 하나일 뿐입니다. 공을 위해 구멍 두 개를 더 파드리겠습니다."

풍환은 기지를 발휘, 마침내 제나라 재상으로 복귀시켰다. 맹상군은 재상으로 있기를 수십 년 털끝만한 재난도 없었는데 이는 풍환의 계획에 힘입었다. 『전국책』 제책에 나오는 이야기다.

여기서 狡兎三窟(교토삼굴)이라는 말이 나왔다. 꾀 많은 토끼가 굴을 세 개나 있기 때문에 죽음을 면 할 수 있었다는 뜻으로, 교묘한 지혜로 위기를 피하거나 재난이 발생하기 전에 미리 준비를 해야 한다는 의미다. 이러한 지혜로 살아간다면 크게 실패하는 일은 없을 것이다.

狡:교활할 교, 兎:토끼 토, 三:석 삼, 窟:굴 굴

113
"이익이 되는 것을 보고 의를 잊는다"

—

見利忘義
(견리망의)

한(漢)나라의 역상이란 사람은 고조(高祖) 유방(劉邦)이 병사를 일으키자 군사 4,000명을 인솔하여 유방에 귀속했다. 역상은 싸움을 할 때마다 적진에 돌진하여 여러 차례 큰 공을 세웠다. 유방이 황제가 된 후 곡주후(曲周侯)에 봉해지고 우승상(右丞相)에 임명되었다.

유방이 죽은 후엔 여태후(呂太后)가 실권을 행사하며 세력을 넓혔다. 그러나 여태후가 죽자 태위인 강후 주발(周勃)과 관영 등은 남은 여씨 일족을 제거하려고 하였다. 조왕 여록과 양왕 여산은 각기 병사를 이끌고 남북군에 있었는데 모두가 여씨 일족이므로 열후와 대신들은 자신들의 목숨을 보장할 수 없었다.

이 때 역상은 나이가 들어 병까지 났는데 그 아들 역기는 여록과 친했다. 강후는 승상 진평과 의논하여 여씨 일족을 섬멸하기 위해 사람을 보낸 뒤 역상을 위협하고 그 아들 역기에게 사냥을 구실로 여록을 유인

259

해내도록 했다. 여록은 역기를 신임했으므로 때때로 그와 함께 사냥을 나가던 사이였다. 이렇게 유인하여 주발은 북군을 차지했다. 이어 여록을 붙잡아서 참수하고 또한 여수를 죽편으로 매질하여 죽이는 등 여씨 가족 모두를 제거하였다. 같은 해 역상은 병으로 세상을 떠났고 후에 역기는 장군이 되었다. 이 일을 두고 당시 사람들은 역기가 친구를 팔았다고 하였다. 『한서』 41권 역상전에 나오는 내용이다.

반고(班固)는 이를 두고 41권 찬(贊)에서 "효문제 당시 세상 사람들이 역상이 친구를 팔았다고 하였다. 무릇 친구를 파는 자는 이익을 보고 의를 잊어버리는 자를 말한다.(夫賣友者 謂見利而忘義) 하지만 역기의 부친이 협박을 받은 상황에서 그렇게 한 만큼 나라를 안전하게 하고 임금과 부모를 위한 것이니 옳은 것이다."라고 하였다.

즉 당시 사람들은 역상이 도의(道義)를 좇지 않고 친구를 팔았다고 비난했으나 반고는 역기가 그렇게 한 것은 협박을 받은 아버지를 구하고 나라의 안녕을 도모하기 위한 것이라고 하였다. 따라서 역기가 이익을 보고 도의를 따르지 않고 친구를 팔았다고 말할 수 없다고 했고, 여기에서 견리망의(見利忘義)란 말이 비롯되었다. 이익이 되는 것을 보고 의를 잊는다는 뜻으로 이익을 보면 도의를 좇지 않는 것을 말한다. 『삼국연의』 제3회에서는 여포(呂布)가 바로 견리망의의 인물로 소개된다.

견리망의와 같은 뜻으로는 過河拆橋(과하탁교)가 있다. 물을 건너자 다리를 부순다는 뜻이다. 뜻을 이룬 뒤에는 도움을 준 자기 사람을 버리는 것을 비유한다.

見:볼 견, 利:이로울 이, 忘:잊을 망, 義:뜻 의

114
"어둠 속에서 손으로 더듬어 찾는다"

—

暗中摸索
(암중모색)

허경종(許敬宗)은 당(唐)나라 측천무후 때 학자였다. 그는 대대로 벼슬을 한 명문가의 후손인데 경망하여 사람을 여러 번 만나도 그 얼굴을 잘 기억하지 못했다. 학문이 깊었으나 세상사나 사람에는 그렇지 못했다. 나중에는 재상까지 되었으니 다른 사람의 얼굴을 잘 기억하지 못하는 그를 사람들은 이상하게 생각했다. 세상 사람들은 허경종의 건망증을 두고 이야깃거리로 삼아 화제에 올리곤 했다.

어떤 사람이 허경종에게 이렇게 물었다.

"학문이 깊으신 분이 다른 사람의 얼굴은 잘 기억하지 못 한다니 이상합니다. 혹 일부러 그러는 건 아니옵니까?"

자신의 건망증에 관해 말이 많다는 걸 아는 허경종은 웃으면서 이렇게 대답했다.

"그대들과 같은 사람들의 얼굴이야 기억하기 어렵지만, 유효작(劉孝

綽) · 심약(沈約) · 하손(何遜) · 사조(謝朓) 등 같은 문단의 대가들을 만

난다면 어둠 속에서 손으로 더듬어서라도 기억할 수 있소(劉沈謝 暗中

摸索著 亦可識之)."

당의 유속이 쓴 『수당가화(隋唐佳話)』에 나온다. 여기서 '暗中摸索(암

중모색)'이라는 말이 나왔다. 어둠 속에서 손으로 더듬어 찾는다는 뜻

으로 확실하게 알지 못하는 것을 어림짐작으로 맞힌다는 뜻이다. 지

금은 은밀한 가운데 일의 실마리나 해결책을 찾아내려 한다는 뜻으

로 쓰인다.

양(梁)나라 유효작(481~539)은 강소성 동산현 사람으로 어려서 신

동으로 이름이 났으며 상서수부랑에 천거되어 무제(武帝) 앞에서 시를

지어 그 이름을 조야에 떨쳤다. 사조(464~499)는 중국 육조 때 제나라

사람으로 음조에 뜻을 담은 시풍(詩風)인 영명체(永明體)에 가장 뛰어

난 시인이다. 심약(441~513)은 중국 남조시대의 문인으로 궁체시(宮體

詩)의 선구(先驅)가 되었다. 불교에 능통하고 음운에도 밝아 시의 팔병

설(八病說)을 제창했다. 하손(?~517?)은 중국의 남조 양대(梁代)의 시

인이다.

暗 : 어두울 암, 中 : 가운데 중, 摸 : 더듬을 모, 索 : 찾을 색

115
"앞 사람의 것을 바탕으로 그것을 더욱 발전시킨다"

—

發揚光大
(발양광대)

송(宋) 주희(朱熹, 1130~1200)의 제자로 황간(黃幹, 1152~1221)이 유명하다. 황간은 자(字)가 직경(直卿)이고 복주(福州) 사람이다. 아버지 우(瑀)는 송 고종 때 감찰어사를 지냈고 행동이 돈독하고 곧은 것으로 이름이 높았다. 황간은 부친이 죽은 후 청강(淸江) 유청지(劉淸之, 1139~1195)에게 갔다. 유청지는 주희의 문인으로 『소학(小學)』을 편찬했다. 유청지는 황간을 기이하게 여겨 "그대는 원기(遠器)라 이곳에서 있게 할 수 없다"며 주희에게 보냈다.

황간의 집은 가법이 매우 엄했다. 유청지의 말을 듣자 황간의 백모(伯母)는 당일로 주희에게 가도록 했다. 때마침 큰 눈이 내려 눈을 다 맞으며 가보니 주희는 나가고 없었다. 황간은 객방에 머물러 주희를 기다렸다. 그는 의자 하나에서 자고 일어나고 옷을 벗지 않았다. 두 달이 지나 주희가 드디어 돌아왔다. 황간이 나가 주희를 뵙고는 밤에 의자를 없애고 띠를 풀지 않고 앉아 미동도 하지 않았다. 이를 보고 주희가 말했다."
황간의 뜻이 매우 굳으니 여기에 있게 하면 매우 유익하겠다(直卿志堅
思苦 與之處甚有益)." 그 뒤 주희는 황간을 사위로 삼았다.

　황간의 학문이 날로 발전하니 주희는 그에게 의지하는 바가 많았다.
훗날 병이 깊어지자 옷, 저서와 함께 유서를 황간에게 보냈다. "나의 도
를 의탁할 곳이 이곳이니 나는 아쉬움이 없도다(吾道之托在此 吾無憾
矣)." 황간은 정성을 다해 삼년상을 치렀다. 이후 황간은 벼슬에 나갔으
나 바른 말을 잘하여 벼슬살이가 평탄하지 못했다.

　드디어 벼슬을 그만두고 돌아오니 제자가 날로 늘어 파촉(巴蜀) 등의
선비가 다 와서 그에게 배웠다. 낮에도 쉬지 않고 밤에도 함께 강론하고
조금도 게으름을 피우지 않았다. 인근 절을 빌려 제자들이 생활하게 하
고 조석으로 왕래하니 묻고 답하는 게 주희 때보다 더 활발했다.

　황간이 쓴 글 가운데 '유정지수초당기(劉正之遂初堂記)'라는 게 있는
데 그 중 "앞 사람의 아름다움을 이어 더욱 발전시키고 크게 빛을 낸다
(備前人之美 發揮而光大之)"라는 구절이 있다.

　『주역(周易)』 곤(坤)괘에 "坤厚載物, 德合无疆, 含弘光大, 品物咸享"
에서 '發揚光大(발양광대)'라는 말이 나왔다. 스승의 것, 앞 사람의 것
을 바탕으로 그것을 더욱 발전시키는 것을 비유한다. 이렇게 해야 세상
이 발전하는데 지금 우리 주위에는 단절(斷絶)만을 외치는 사람들이 많
으니….

　　　　　　　　　　發 : 필 발, 揚 : 날릴 양, 光 : 빛 광, 大 : 큰 대

116
"천하를 건 한 판 승부"

—

乾坤一擲
(건곤일척)

초나라의 기세는 무서웠다. 한왕 유방은 포위된 형양에서 겨우 도망와 성고(成臯)에 진을 쳤는데, 초왕 항우가 뒤쫓아 와서 포위를 해서 유방은 다시 북쪽으로 황하를 건너 도망갔다. 초·한 두 군사는 광무(廣武)에 모여 성을 쌓아 대치했다. 어느 날 항우는 큰 도마 위에 유방의 아버지 태공을 올려놓고 말했다. "빨리 항복하지 않으면 태공을 삶아 죽인다."

유방이 대답했다. "너와 나는 형제의 의를 맺었다. 내 아버지가 네 아버지가 아니냐? 기어코 내 아버지를 삶아 죽이거든 내게도 그 국을 한 그릇 나눠 보내라." 성이 난 항우가 태공을 죽이려 하니 항백이 말렸다.

한편 한나라 장군 한신(韓信)은 초나라 장군 용저가 이끄는 대군을 크게 쳐부수고 용저를 죽였다. 항우는 용저가 전사했다는 말을 듣고 크게 두려워하여 한신을 회유했으나 소용이 없었다. 얼마 후 항우를 따르던 경포가 유방에게 돌아섰다. 항우가 응원군도 적고 양식도 다 떨어져 가는데 한신은 공격을 늦추지 않았다. 항우는 화친을 제의하여 천하를 양분하자고 했다. 마침내 형양 아래 있는 강, 홍구(鴻溝)를 경계로 서쪽은 한나라, 동쪽은 초나라의 영토가 되었다. 항우는 유방의 아버지 태공과 아내 여씨(呂氏)를 돌려보내고 창을 거두어 동쪽 패성으로 돌아갔다.

한나라 4년, 기원전 203년, 이때 초의 군사가 굶주리고 사기가 떨어진 것을 보고 장량(張良)과 진평(陳平)은 유방에게 이렇게 진언했다. "지금 공격하지 않으면 호랑이를 길러 후환을 남기는 결과가 됩니다." 유방은 그 말을 받아들여 이듬해 초군을 추격하여 마침내 천하의 패권을 잡았다. 홍구는 지금의 하남성(河南省) 고노하(賈魯河). 천하를 양분함으로써 항우는 군사적 실리를 잃었다. 후날 중국 장기판에 홍(鴻), 흑(黑) 양분의 경계를 '초하(楚河)', '한계(漢界)'라 한 것은 여기서 유래한다.

당나라 때 한유(韓愈)가 이곳을 지나게 되었다. 그는 천하를 양분한 한 · 초 두 나라의 역사를 상기하고 한 수 읊었다. '과홍구(過鴻溝)', '홍구를 지나며'라는 시로, '용은 피로하고 호랑이는 곤하여 천하를 나누었으니(龍疲虎困割川原) / 모든 백성이 생명을 보존하였도다(億萬蒼生性命存) / 누군가 군왕에게 말머리를 돌이키길 권하여(誰勸君王回馬首) / 진정 천하를 건 한판의 도박을 벌였구나(眞成一擲賭乾坤).'

乾坤一擲(건곤일척)이 여기서 나왔다. 하늘과 땅을 한 번에 내던진다는 뜻으로 천하를 잃느냐 얻느냐, 죽느냐 사느냐와 같은 최후의 한 판 승부를 비유한다. 지금 우리 경제는 다시 일어서느냐 주저앉느냐 乾坤一擲의 시기가 아닐까.

乾 : 하늘 건, 坤 : 땅 곤, 一 : 한 일, 擲 : 던질 척

117
"호랑이를 타고 달리는 형세"

—

騎虎之勢
(기호지세)

수문제 양견(楊堅)의 비 독고황후는 하남 낙양인 주(周)의 대사마 하내공(河內公) 신(信)의 딸이다. 아버지 신이 양견을 보니 기이한 용모를 하고 있는지라 딸을 주어 사위를 삼았다. 그때 황후의 나이 열넷. 황후는 문제에게 '이생지자(異生之子)', 즉 다른 여자에게서 자녀는 낳지 않겠다는 맹세를 하게 했다. 황후는 유순하고 공경하며 효도를 하여 부도(婦道)를 잃지 않았다. 황후의 여동생이 주(周) 명제(明帝)의 비가 되고 장녀는 선제(宣帝)의 비가 되어 외척으로서 권세가 비할 데 없었으나 황후는 매사에 겸손하고 자신을 낮추어 세상 사람들이 어질다고 하였다.

선제가 죽자 이전부터 야심을 갖고 있던 양견은 궁중에 머물며 지지세력을 규합하기에 여념이 없었다. 선제의 아들이 아직 어리고 영특하지 못해 제위를 물려받기에는 적합하지 않았다. 황제가 죽은 것을 비밀에 붙이고 정지작업을 하고 있었다.

양견은 밤에 태사중대부 유수재(庾秀才)를 불러 "내 이제 고명(顧命)을 받았소. 천시(天時)와 인사(人事)에 대해 대부는 어떻게 생각하시오?" 수재가 말했다. "천도는 정밀하여 가히 뜻을 살피기 어렵습니다. 은밀히 인사로서 점을 쳐보니 조짐이 이미 정해졌는데 제 의견은 불필요합니다." 이때 부인 독고황후가 보낸 사람이 들어와 말을 전했다.

"큰일은 이미 기호지세가 되고 말았으니 도중에 내릴 수는 없소. 최선을 다하세요(大事己然 騎虎之勢 必不得下 勉之)."

황후의 격려에 분발한 양견은 드디어 제위를 선양받아 황제가 되고 부인은 독고황후가 되었다. 황후는 여러 공주가 부도에 어긋나는 것을 엄격히 경계하고 죄를 범하면 그에 합당한 처벌을 받게 했다. 문제와 더불어 정치를 논하는데 왕왕히 그 뜻이 맞아 궁중에서는 이성(二聖), 즉 두 성인이 있다고 하였다. 『자치통감』 제174권 진기(陳紀)8에 나온다. 騎虎之勢(기호지세)라는 말이 여기서 나왔다. 호랑이를 타고 달리다 도중에 내리면 잡아먹히므로 내릴 수도 없다. 무슨 일을 하다가 도중에 그만두려 하여도 그만 둘 수 없는 형편을 비유한다. 『수서』 열전 제1후비에는 '騎獸之勢(기수지세)'로 되어 있다.

騎:말 탈 기, 虎:범 호, 之:갈 지, 勢:권세 세

118
"주머니 속 송곳"

—

囊中之錐
(낭중지추)

'한 명을 누구로 하지.' 평원군(平原君) 조승(趙勝)은 고민을 거듭했다. 식객(食客) 가운데 열아홉 명을 가려냈으나 마지막 한 명을 뽑을 만한 이가 없어 스무 명을 채울 수 없었다.

때는 춘추전국 시대. 진(秦)나라가 조(趙)나라의 수도 한단을 포위하니 조나라는 공자 평원군을 시켜 초(楚)나라에 구원을 요청하게 했다. 평원군은 식객과 문하 중에서 용력(勇力)있고 문무를 겸비한 이 스무 명과 함께 가기로 했다. 그런데 한 명이 부족했다. 그때 문하에 모수(毛遂)라는 이가 나와 스스로 자신을 추천했다.

"공자께서 초나라와 합종(合從)하고자 하여 식객·문하 20명과 함께 가기로 하였는데 지금 한 사람이 부족하다고 하니 이 수(遂)로 인원수를 채워주시기 바랍니다."

평원군이 물었다. "선생이 승(勝)의 문하에 있은 지가 오늘로서 몇 해나 되었소?"

"3년 입니다."

"현사(賢士)가 활동을 하는 것은 비유하자면 송곳이 주머니 속에 있는 것과 같아서 그 끝이 드러나 보입니다(夫賢士之處世也 譬若錐之處囊中 其末立見). 지금 선생이 승의 문하에 있는 지 삼 년이나 되었는데 좌우 사람들이 여태껏 선생을 칭송하는 일이 없으며 승도 아직 들은 바가 없소. 이것은 선생에게 재능이 없다는 것입니다. 선생은 안 되니 여기에 머무르시오."

모수가 말했다.

"신은 비로소 오늘 주머니 속에 있기를 청할 뿐입니다(臣乃今日請處囊中耳). 만약 수를 일찍부터 주머니 속에 있게 하였다면 곧 자루까지 주머니 속에서 벗어나왔을 것입니다. 아마 다만 그 끝만이 드러나 보이는 데 그치지는 않았을 것입니다."

평원군은 마침내 모수와 함께 가기로 하였다. 열아홉 명은 서로 눈을 맞추며 웃기를 그치지 않았다.

모수는 초나라에 도착할 무렵 열아홉 명과 의논을 하는데 열아홉 명이 그 논의에 탄복하였다. 평원군이 초왕과 회담을 하는데 해가 뜰 무렵에 시작하여 정오가 되어도 결정을 못하였다.

열아홉 명이 모수에게 "선생이 당(堂)에 오르시오"라고 말하였다.

이때부터 모수는 눈부신 활약을 하여 마침내 종약(從約)을 결정했다. 평원군은 조나라에 돌아와서는 이렇게 말했다. "모 선생의 세치 혀는 백만의 군사보다 강하였습니다. 승은 감히 다시는 선비를 아는 체를 하지 않겠습니다."

『사기』 평원군열전에 나온다. 여기서 모수자천(毛遂自薦), 囊中之錐
(낭중지추)라는 성어가 나왔다. 囊中之錐는 주머니 속의 송곳이란 뜻
으로 훌륭한 인재는 많은 사람 속에 섞여 있어도 저절로 드러난다는
의미다.

그렇다고 하더라도 숨은 인재를 찾는 데 게을리 하지 말아야 한다.

囊 : 주머니 낭, 中 : 가운데 중, 之 : 어조사 지, 錐 : 송곳 추

119

"뽕나무 밭이 푸른 바다로 변하다"

—

桑田碧海

(상전벽해)

"곁에서 모시면서 보니까 동해가 세 번이나 뽕밭으로 바뀌었습니다. 이 번에 봉래에 갔더니 바닷물이 줄어들어 이전의 반밖에 되지 않더군요. 다시 땅이 되려는 것일까요(接待以來, 已見東海三變桑田, 向到蓬萊, 水又 淺於往昔, 會時略半也, 豈將復還爲陵陸乎). 마고(麻姑)가 묻자 왕방평(王 方平)이 웃으면서 말했다. "그래서 성인들이 말하지 않았는가? 바다가 다시 먼지를 일으키고 있는 것이라고(聖人皆言, 海中行復揚塵也)."

진(晉)나라 갈홍(葛洪, 283~343?)이 쓴 『신선전(神仙傳)』에 나온다. 여기서 桑田碧海(상전벽해)라는 말이 유래됐다.

당나라 시인 노조린(盧照隣, 637?~689)은 글 재주가 뛰어나 왕발(王勃)· 양형(楊炯)·낙빈(駱賓)과 '초당사걸(初唐四傑)'로 유명했다. 말년에 병에 시달려 끝내 스스로 목숨을 끊은 탓일까, 그의 시는 염세적이고 슬픈 게 많았다. 그가 쓴 시 가운데 '장안고의(長安古意)'가 가장 널리 알려졌다.

"… 철 따라 나는 문물, 풍광은 서로 기다리지 않고(節物風光不相待)/ 뽕나무 밭은 잠깐 사이 푸른 바다가 되었다네(桑田碧海須庾改)/ 옛날의 금계단 백옥당도(昔時金階白玉堂)/ 지금은 푸른 소나무만 남았구나(只今惟見靑松在)…." 이 시 이후로 桑田碧海(상전벽해)가 널리 회자되었다.

당의 유정지(劉廷芝, 651~678)도 시 '대비백두옹(代悲白頭翁)'에서 이 桑田碧海를 활용하여 인생의 무상함을 한탄했다.

"낙양성 동쪽에 피는 복숭아꽃 오얏꽃은(洛陽城東桃李花)/ 이리 날고 저리 날라 어느 집에 떨어지는고(飛來悲去落誰家)/ 낙양의 처녀들은 아름다운 얼굴이 변할까(洛陽女兒惜顔色)/ 길에서 낙화를 보면 길게 한숨을 쉬는구나(行逢落花長嘆息)/ 올해 핀 꽃이 지면 얼굴은 더욱 늙으리라(今年花落顔色變)/ 내년에 꽃이 필 때는 다시 누가 있을까(明年花開復誰在)/ 소나무, 잣나무가 잘리어 장작이 된 것을 보았고(已見松柏摧爲薪)/ 뽕나무 밭이 바다가 되었다는 말을 또 들었다네(更聞桑田變成海)/ 옛날 낙양성 동쪽에 이 꽃은 본 사람은 지금 없고(古人無復洛城東)/ 지금 살아 있는 사람이 바람에 나부끼는 꽃을 보고 있느니(今人還對落花風)…."

桑田碧海(상전벽해)라는 말은 『태평어람(太平御覽)』에도 나오는데, 세상이 몰라보게 달라진 것을 비유한다. 상전변성해(桑田變成海)라고도 한다. 滄海桑田(창해상전), 滄桑之變(창상지변), 桑滄之變(상창지변)은 같은 뜻이다. 비슷한 말로 陵谷之變(능곡지변 : 언덕과 골짜기가 서로 바뀐다), 高岸深谷(곡안심곡 : 높은 언덕이 무너져 골짜기가 되고, 깊은 골짜기가 언덕으로 변한다)이 있다.

桑 : 뽕나무 상, 田 : 밭 전, 碧 : 푸를 벽, 海 : 바다 해

120
"좋은 약은 입에 쓰다"

—

良藥苦口

(양약고구)

유방이 패공이었던 때 진(秦)의 도성 함양(咸陽:지금의 섬서성 함양시 동북쪽)을 점령하기 위해 병사 2만을 이끌고 요관(嶢關)에 주둔한 진나라 군대를 치려고 할 때 장량이 말했다.

"진나라 군대가 아직은 강성하니 가볍게 볼 수 없습니다. 제가 듣건대 장수가 백정의 자식이라고 하니 장사꾼은 돈이나 재물로 쉽게 움직일 수 있습니다. 원컨대 패공께서는 잠시 진영 내에 머물러 계시고 사람을 시켜 먼저 식량 5만 명분을 준비하고 또 모든 산 위에 많은 깃발을 세워 병사가 많은 것처럼 하고 역이기를 보내 귀중한 보물로 진나라 장수를 매수하게 하소서."

진나라 장수가 과연 진나라를 배반하고 유방과 연합하여 서쪽으로 함양을 공격하려고 하였다. 유방은 곧 진나라 장수의 요구를 들어주려고 하자 장량이 말했다. "다만 저 장수는 진나라를 배반하려고 합니다만, 신은 그 병졸들이 따르지 않을까 두렵습니다. 만약 따르지 않으면 위험하오니 그들이 태만해진 틈을 타서 공격하는 것만 못합니다."

유방은 이에 군사를 이끌고 진나라 군대를 공격하여 대파하고 패잔병을 끝까지 쫓아 싸우니 진나라 군대는 붕괴되고 말았다. 그리고 함양에 이르자 진나라 왕 자영(진시황의 손자)이 유방에게 항복하였다. 유방이 진나라 궁궐로 들어가서 보니 휘황찬란했다. 궁실, 휘장, 개와 말, 값진 보배, 여자 등이 수천을 헤아렸다. 유방은 내심 그곳에 머물고 싶어졌다. 이러한 유방을 보고 번쾌가 궁궐 밖으로 나가기를 충간하였으나 유방은 듣지 않았다. 이에 장량이 나섰다.

"무릇 진나라가 무도하였기에 공께서 여기에 오실 수 있었소이다. 모름지기 천하 사람을 위해 남은 적을 제거하시려면 마땅히 검소함을 바탕으로 삼아야 합니다. 그런데 겨우 진나라에 들어온 지금 바로 그 즐거움을 편안히 누리신다면 이는 곧 '폭군 걸왕이 포학한 짓을 하도록 돕는 것'입니다. 또 '충성스런 말은 귀에 거슬리지만 행실에 이롭고 독한 약은 입에 쓰지만 병에 이롭다(忠言逆耳利於行 毒藥苦口利於病)'고 하였습니다. 원컨대 번쾌의 말을 들으소서."

이에 유방은 곧 패상(覇上:섬서성 서안시 동쪽)으로 환군하였다. 『사기』유후세가에 良藥苦口(양약고구)라는 말이 나왔다. 좋은 약은 입에 쓰나 병에는 잘 듣는다는 뜻으로 충언은 귀에 거슬리나 행동에는 많은 도움을 준다는 의미로 남에게 충고할 때 자주 쓴다. 반면 뒤이어 함양에 들어온 항우는 그 즐거움을 다 누렸으니 천하는 결국 유방에게 돌아갔다.

良 : 어질 양, 藥 : 약 약, 苦 : 괴로울 고, 口 : 입 구

가인박명(佳人薄命) : 아름다운 여인은 운명이 기구하다. [243쪽]

가정맹어호(苛政猛於虎) : 가혹한 정치는 호랑이보다 더 무섭다. 가혹한 형벌과 세금, 부역, 등을 백성들은 호랑이보다 더 무섭게 여긴다는 것을 말한다. [178쪽]

각주구검(刻舟求劍) : 배에 표시를 해두고 바다에 빠진 칼을 찾는다. 어리석음을 비유하는 말이다. [213쪽]

건곤일척(乾坤一擲) : 하늘과 땅을 한꺼번에 걸다. 천하를 건 한 판 승부, 큰 승부를 말한다. [269쪽]

격물치지(格物致知) : 사물의 이치를 연구하여 지식을 완전하게 한다. [199쪽]

견리망의(見利忘義) : 이익이 되는 것을 보고 의를 잊는다. [263쪽]

견리사의(見利思義) : 이익을 보면 의를 생각한다. 이익이 되는 것을 보면 그것이 옳은가를 생각하라. [145쪽]

견물생심(見物生心) : 사물을 보면 마음이 생긴다. 보지 않으면 가지고 싶은 생각이 없는데 보게 되면 탐내어 가지고 싶은 마음이 생기는 것을 말한다. [125쪽]

경투하사(鯨鬪鰕死) : 고래가 싸우니 새우가 죽는다. 고래 싸움에 새우 등 터진다는 속담을 한문으로 적은 것이다. [114쪽]

계륵(鷄肋) : 닭갈비. 닭갈비는 먹자 하니 먹을 게 없고 버리자니 아까운데 결국 버리게 된다. 이러지도 저러지도 못 하는 곤란한 상황을 비유한다. [174쪽]

계명구도(鷄鳴狗盜) : 닭의 울음소리를 잘 내고 개의 흉내를 잘 내 좀도둑질을 한다. 아무리 미천한 사람이라도 한 가지 재주는 다 있다는 의미이다. [180쪽]

고구파심(苦口婆心) : 괴로운 말을 하는 할머니의 마음. 괴로운 것을 마다하지 않고 마음을 써서 권고하는 것을 말한다. [135쪽]

고장난명(孤掌難鳴) : 외손뼉은 소리내기 어렵다. 혼자서는 일을 이루지 못한다. [218쪽]

고주일척(孤注一擲) : 남은 밑천을 다 걸고 최후의 승부를 하다. [231쪽]

고희(古稀) : 예부터 드물다. 두보의 시 '곡강'에 나오는 말로 나이 70을 가리킨다. [157쪽]

곡학아세(曲學阿世) : 학문을 굽혀 세상에 아부하다. 그릇된 학문으로 시세나 권력자에게 아첨하는 것을 말한다. [47쪽]

공중누각(空中樓閣) : 공중에 뜬 누각. 공허한 문장이나 근거 없는 가공의 사물, 기초가 튼튼하지 못하여 무너지는 건물 등을 비유하는 말이다. [62쪽]

과유불급(過猶不及) : 지나친 것은 미치지 못한 것과 같다. [129쪽]

관포지교(管鮑之交) : 관중과 포숙아의 두터운 우정. 남자 친구 사이의 두터운 우정이나 교유 관계를 말한다. [257쪽]

괄목상대(刮目相對) : 눈을 비비고 서로 대하다. 짧은 기간에 학식이나 재주가 크게 발전한 것을 비유한다. [44쪽]

교언영색(巧言令色) : 교묘히 꾸며서 하는 말과 아첨하는 얼굴빛. [103쪽]

교토삼굴(狡兎三窟) : 꾀 많은 토끼 굴을 세 개 준비한다. 교묘한 지혜로 위기를 피하거나 재난이 발행하기 전에 미리 준비를 해야 한다는 의미이다. [261쪽]

구기방심(求其放心) : 방심을 구한다. 학문은 제 본심을 찾는 데 있다는 의미이다. [37쪽]

군계일학(群鷄一鶴) : 여러 닭 가운데 학 한 마리. 범인들 가운데 뛰어난 인물이 하나 있는 경우를 말한다. [216쪽]

군자삼계(君子三戒) : 군자가 경계해야 할 세 가지. 젊어서는 여색, 장년이 되어서는 싸움, 노년에는 욕심을 경계해야 한다. [189쪽]

권토중래(捲土重來) : 흙먼지를 일으키며 다시 오다. 한 번 실패한 사람이 다시 분기하는 것을 말한다. [220쪽]

기인지우(杞人之憂) : 기나라 사람의 근심. 기나라 사람이 하늘이 무너질까 걱정했다는 데서 쓸데없는 걱정이나 안 해도 될 근심을 이르는 말이다. [127쪽]

기호지세(騎虎之勢) : 호랑이를 타고 달리는 형세. 무슨 일을 하다가 중도에 그만두려 하여도 그만 둘 수 없는 형편을 비유한다. [271쪽]

남귤북지(南橘北枳) : 강남의 귤을 강북에 심으면 탱자가 된다. 환경이 바뀌면 사물의 성질도 달라지게 된다는 것을 비유한다. [164쪽]

낭중지추(囊中之錐) : 주머니 속 송곳. 뛰어난 인물이나 물건은 내보이지 않아도 저절로 드러남을 비유한다. [273쪽]

노심초사(勞心焦思) : 몹시 마음을 쓰며 애를 태우다. [90쪽]

농단(壟斷) : 높은 곳. 이익이나 권력을 혼자 독점하다. [227쪽]

누란지위(累卵之危) : 계란을 쌓아놓은 위태로움. 아주 급하고 위험한 상태를 비유한다. [149쪽]

다기망양(多岐亡羊) : 갈림길이 많아 양을 잃다. 곁가지에 빠져 중요한 목적을 잃어버리는 것을 비유한다. [197쪽]

단기지교(斷機之敎) : 짜고 있던 베를 잘라서 가르치다. 맹자 어머니가 짜던 베를 잘라 맹자에게 보인 것처럼 학문도 중도에 그만두면 아무 쓸모가 없다는 것을 비유한다. [42쪽]

도주지부(陶朱之富) : 도주공의 부. 수억만 대의 큰 부를 비유한다. [94쪽]

동류합오(同流合汚) : 흐름에 동조하여 더러운 것과 합류한다. 세상의 나쁜 풍속에 야합하여 정의를 외면하는 것을 말한다. [74쪽]

동상이몽(同床異夢) : 같은 자리에 자면서도 다른 꿈을 꾼다. 함께 일을 하고 있지만, 의견이나 목표가 다른 것을 비유한다. [88쪽]

득어망전(得魚忘筌) : 고기가 잡히면 통발을 잊는다. 목적이 달성되면 도움을 준 것을 잊어버린다. [201쪽]

등하불명(燈下不明) : 등잔 밑이 어둡다. 가까이 있는 것을 도리어 알기 어렵고 자신의 일은 자신이 가장 늦게 안다는 비유한다. [64쪽]

마이동풍(馬耳東風) : 말의 귀를 스치는 동풍. 다른 사람의 의견이나 충고를 들으려고 하지 않고 마음에 두지도 않는 것을 비유한다. [78쪽]

명실상부(名實相符) : 이름과 실질이 서로 부합하다. 이름에 걸맞게 내용도 그대로 갖추고 있음을 가리키는 말이다. [116쪽]

명철보신(明哲保身) : 밝고 사리에 맞게 처신하여 몸을 보존한다. 시류에 흔들리지 않고 법도를 지켜 온전하게 처신하는 것을 말한다. [72쪽]

목불식정(目不識丁) : 고무래를 보고도 정(丁)자를 알지 못한다. 아주 쉬운 글자도 알지 못한다는 뜻으로 매우 무식한 것을 비유한다. [50쪽]

문전성시(門前成市) : 대문 앞에 장이 섰다. 권력자의 집으로 찾아오는 사람이 많다는 것을 비유한다. [70쪽]

문전작라(門前雀羅) : 문 앞에 참새를 잡는 그물을 친다. 권력자가 몰락하여 사람들이 발길을 끊는 것을 비유한다. [68쪽]

미봉(彌縫) : 임시로 봉하다. 일의 빈 구석이나 잘못된 것을 임시변통으로 막는 것을 비유한다. [225쪽]

발양광대(發揚光大) : 빛을 일으켜 크게 펼친다. 앞 사람의 것을 바탕으로 그것을 더욱 발전시킨다는 의미이다. [267쪽]

백미(白眉) : 흰 눈썹. 뛰어난 것 가운데서도 가장 뛰어난 것을 비유하는 말. [205쪽]

법고창신(法古創新) : 옛 것을 본받아 새롭게 창조한다. [19쪽]

복마전(伏魔殿) : 마귀가 엎드려 있는 집. 부정부패나 악행이 끊임없이 일어나는 근거지를 비유한다. [162쪽]

복불복(福不福) : 복 또는 불복. 사람의 운수가 복, 또는 불복임을 함께 일컫는 말이다. [137쪽]

부익부 빈익빈(富益富 貧益貧) : 부자는 더욱 부자가 되고 가난한 이는 더욱 가난해진다. [120쪽]

분경(奔競) : 달려가 다툰다. 벼슬을 얻으러 권세가를 찾아 다니는 것을 말한다. [187쪽]

불요불굴(不撓不屈) : 꺾어지거나 휘어지지 않는다. 뜻이나 결심이 굳은 것을 비유한다. [251쪽]

불치하문(不恥下問) : 아래에 묻는 것을 부끄러워하지 않는다. 모르는 것이 있으면, 나이나 지위 고하를 막론하고 물어보는 것을 부끄러워하지 않고 배우려고 하는 것을 비유한다. [32쪽]

붕정만리(鵬程萬里) : 붕새는 만 리를 난다. 원대한 사업이나 계획. [168쪽]

사불급설(駟不及舌) : 네 마리의 말이 혀에 미치지 못 한다. 소문이 네 마리 말이 끄는 수레보다 빠르다. 소문이 삽시간에 퍼지는 것을 비유한다. [223쪽]

사생취의(捨生取義) : 목숨을 버리고 의를 취하다. 옳은 일이라면 비록 목숨을 잃을지언정 그것을 하는 것을 비유한다. [60쪽]

사이비(似而非) : 같은 것 같지만 결코 같은 게 아니다. 비슷하지만, 진짜가 아니다. [76쪽]

사필귀정(事必歸正) : 일은 바른 것으로 돌아간다. 무슨 일이든 결국 옳은 이치대로 돌아간다는 것을 말한다. [133쪽]

산통(算筒) : 산가지 통. 없어서는 안 될 것. [176쪽]

삼천지교(三遷之敎) : 이사를 세 번 하여 아이를 가르치다. 맹자 어머니가 세 번 이사하여 맹자를 가르쳤다는 데서 유래한 성어로 자녀의 교육을 위해 이사를 세 번 할 정도로 정성을 쏟았다는 의미이다. [39쪽]

상전벽해(桑田碧海) : 뽕나무 밭이 푸른 바다로 변하다. 세상이 몰라보게 달라진 것을 비유한다. [276쪽]

새옹지마(塞翁之馬) : 변방 늙은이의 말. 세상 일이 복이 화가 되고 화가 복이 되어 변화가 예측할 수 없다는 것을 비유한다. [255쪽]

서시빈목(西施嚬目) : 서시의 찡그린 눈. 남의 단점을 장점인 줄 알고 무작정 흉내 내는 것을 비유한다. [92쪽]

선수입지(先須立志) : 모름지기 먼저 뜻을 세운다. 학문을 할 때는 먼저 모름지기 뜻을 굳게 세워야 한다는 말. [53쪽]

수전망조(數典忘祖) : 전적은 찾아 열거하는데 자신의 조상은 잊어버린다. 전례와 고사는 잘 헤아리면서 정작 자신의 조상은 알지 못한다는 뜻으로 근본을 잊은 것을 비유한다. [22쪽]

수주대토(守株待兎) : 나무 아래서 토끼가 나오기만 기다린다. 노력은 하지 않고 요행을 바라는 어리석은 행동을 비유한다. [195쪽]

식언(食言) : 말을 먹다. 말을 번복하거나 약속을 지키지 않는 것을 말한다. [203쪽]

안빈낙도(安貧樂道) : 가난하여도 마음이 편안하고 도를 즐긴다. [259쪽]

암중모색(暗中摸索) : 어둠 속에서 손으로 더듬어 찾는다. 은밀한 가운데 일의 실마리나 해결책을 찾아내려는 것을 말한다. [265쪽]

약관(弱冠) : 약한 관. 나이 20세를 비유한다. [182쪽]

약육강식(弱肉强食) : 약한 자의 고기는 강한 것이 먹게 된다. [236쪽]

양약고구(良藥苦口) : 좋은 약은 입에 쓰다. 좋은 약은 입에 쓰나 병에 잘 듣는다는 뜻으로 충언은 귀에 거슬리나 행동에는 많은 도움을 준다는 의미이다. [278쪽]

여리박빙(如履薄冰) : 살얼음을 밟는 것 같다. 살얼음을 밟듯이 매사 조심하고 신중히 하는 모습을 비유하는 말이다. [105쪽]

연리지(連理枝) : 다른 나무가 맞닿아 서로 결이 통하게 된 나무. 부부간의 지극한 사랑을 비유한다. [166쪽]

오십보백보(五十步百步) : 오십 보 도망간 이가 백 보 도망간 이를 비웃다. 별 차이가 없다는 뜻. [147쪽]

오월동주(吳越同舟) : 오나라 사람과 월나라 사람이 한 배에 타다. 원수라도 같은 배를 탔다면 서로 도와야 한다. [84쪽]

온고지신(溫故知新) : 옛 것을 익히어 새로운 것을 안다. [16쪽]

와신상담(臥薪嘗膽) : 섶에 누워 자고 쓴 쓸개를 핥는다. 복수나 성공을 하기 위해 온갖 어려움과 괴로움을 참고 견디는 것을 비유한다. [81쪽]

외도(外道) : 불교 이외의 다른 도. 다른 도. 불륜 [155쪽]

요원지화(燎原之火) : 들판의 불. 들불이 확 타서 번지듯 어떤 일이 무서운 기세로 확대되는 것을 비유한다. [107쪽]

우공이산(愚公移山) : 우공이 산을 옮기다. 꾸준히 노력하면 안 되는 게 없다는 의미다. [229쪽]

우도할계(牛刀割鷄) : 소 잡는 칼로 닭 잡는다. 작은 일을 처리하는 데 큰 도구를 사용하는 것을 비유하는 말이다. [101쪽]

위편삼절(韋編三絶) : 가죽으로 묶은 책이 세 번 끊어지다. 책을 보고 또 보아 책을 맨 가죽 끈이 세 번 끊어지도록 공부에 몰두하는 것을 말한다. [35쪽]

유방백세(流芳百世) : 꽃 향기가 백 년을 흐른다. 훌륭한 명성이나 공적이 후대에 길이 전하여 지는 것을 비유하는 성어. [66쪽]

음풍농월(吟風弄月) : 풍월을 읊고 달을 희롱한다. 맑은 바람과 밝은 달을 대상으로 시를 짓고 흥취를 자아내어 즐겁게 논다. [151쪽]

읍참마속(泣斬馬謖) : 울며 마속의 목을 베다. 사사로운 정을 버리고 엄정하게 법을 지켜 기강을 바로 세우는 일을 비유한다. [207쪽]

이여반장(易如反掌) : 손바닥을 뒤집는 것과 같다. 어떤 일이 매우 쉽다는 것을 비유하는 말이다. [131쪽]

일취월장(日就月將) : 날로 나아가도 날로 성장한다. 나날이 진보하여 크게 발전하는 모습. [193쪽]

장삼이사(張三李四) : 장씨의 셋째, 이씨의 넷째. 특별하지 않은 평범한 사람들을 이르는 말이다. [118쪽]

점입가경(漸入佳境) : 들어갈수록 경치가 좋다. 경치나 문장 또는 어떤 일의 상황이 갈

수록 재미있게 전개되는 것을 의미한다. [58쪽]

조강지처(糟糠之妻) : 지게미와 쌀겨로 끼니를 하며 함께 고생한 아내. 가난하고 힘들 때 함께한 아내. [234쪽]

조삼모사(朝三暮四) : 아침에 셋 저녁에 넷. 남을 농락하여 사기로 속이다. [241쪽]

줄탁동기(啐啄同機) : 병아리와 어미 닭이 안팎에서 서로 쪼아야 한다. 혼자서 하는 것은 어렵고 스승이 일러주고 제자가 익히면 빨리 이루게 되는 것을 비유한다. [86쪽]

지란지교(芝蘭之交) : 지초와 난초 같이 향기로운 사귐. 맑고 깨끗하며 두터운 벗 사이의 사귐. 여성끼리의 교유 관계를 표현할 때 쓰는 말이다. [253쪽]

지천명(知天命) : 천명을 안다는 뜻으로 나이 오십을 가리킨다. [184쪽]

천신만고(千辛萬苦) : 천 가지 매운 것과 만 가지 쓴 것. 온갖 고초. [141쪽]

천태만상(千態萬象) : 천 가지 모습과 만 가지 형상. 변화가 다양하여 헤아릴 수 없는 모양으로 나타나는 것을 말한다. 온갖 모양. [123쪽]

청출어람(靑出於藍) : 푸른색은 쪽에서 나왔다. 제자가 스승보다 뛰어나다는 의미로 쓴다. [27쪽]

촌철살인(寸鐵殺人) : 손가락만한 철 조각으로 사람을 죽이다. 몇 마디 말로 핵심을 찔러 사람을 감동시키는 것을 비유한다. [249쪽]

추고마비(秋高馬肥) : 가을은 하늘이 높고 말이 살찐다. 가을 하늘이 높고 말이 살찌면 호인들이 침략한다는 것을 경계하는 말이다. [111쪽]

추파(秋波) : 가을 물결. 환심을 사려고 아첨하는 태도나 기색을 비유한다. [159쪽]

타산지석(他山之石) : 다른 산의 돌. 다른 사람의 아름답지 못한 말과 행동도 자신의 인격을 수양하는 데 도움이 될 수 있음을 비유하는 말이다. [55쪽]

토사구팽(兎死狗烹) : 토끼가 죽으면 사냥개를 삶는다. 교활한 토끼를 사냥하여 잡은 후에는 사냥개도 쓸모가 없어져 잡아먹게 된다는 뜻으로 필요할 때는 요긴하게 쓰지만 쓸모가 없게 되면 헌신짝처럼 버리는 것을 비유한다. [172쪽]

필부지용(匹夫之勇) : 필부의 용기. 전략이나 작전계획을 쓰지 않고 자신의 힘만 믿고 휘두르는 용기를 비유한다. [98쪽]

하로동선(夏爐冬扇) : 여름 화로, 겨울 부채. 철이 지나 거의 쓸모가 없는 것을 비유한다. [191쪽]

학이시습(學而時習) : 배우고 때에 맞게 익힌다. 『논어』 첫 머리에 나오는 말로 지식이나 학문을 배워 그것이 현실 생활의 피와 살이 되도록 익힌다는 의미이다. [25쪽]

합종연횡(合縱連橫) : 종으로 합하고 횡으로 잇다. 중국 전국시대 생존경쟁에서 이기기 위한 외교술. [245쪽]

행백리자 반어구십리(行百里 半於九十里) : 백 리를 가는 자는 구십 리를 반으로 삼는다. 끝이 어려우니 시작 못지않게 끝을 중시해야 한다는 의미이다. [96쪽]

현관(玄關) : 검은 관문. 깊고 묘한 이치에 드는 관문. 대문. [153쪽]

호가호위(狐假虎威) : 여우가 호랑이의 위세를 빌리다. 실력이나 능력이 없는 사람이 남의 권세를 빌려 위세를 부리는 것을 비유한다. [238쪽]

홍일점(紅一點) : 붉은 점 하나. 많은 남자들 사이에 있는 여성 한 명. [139쪽]

화광동진(和光同塵) : 빛을 부드럽게 하고 더러움과 함께 한다. 자신이 가지고 있는 지혜와 재기를 감추고 여러 사람과 어울려 참된 자신을 보여준다는 말이다. [170쪽]

화룡점정(畵龍點睛) : 용을 그린 다음 마지막으로 눈동자에 점을 찍다. 마지막 중요한 부분을 마무리함으로써 그 일을 완성한다는 것을 비유한다. [210쪽]

화씨벽(和氏璧) : 화씨의 옥구슬. [243쪽]

효시(嚆矢) : 우는 화살. 이 화살을 쏘는 것을 신호로 전쟁을 했기 때문에 전하여 사물의 시초, 선례를 의미한다. [109쪽]

후생가외(後生可畏) : 뒤에 난 사람이 두렵다. 후배는 젊고 기력이 왕성하여 발전 속도가 빠르니 가히 두렵다는 의미로 후배가 무섭게 치고 올라오는 것을 비유한다. [30쪽]

흥진비래(興盡悲來) : 즐거운 일이 다하면 슬픈 일이 닥친다. [143쪽]